Sabine Ruf

HÄKELN im Boho-Style

Der Fashion-Trend für Feelgood-Vibes

Mit vielen Home-Deko-Ideen

CV

Inhalt

Mode

Accessoires

Home

Vorwort

Boho Style

Boho ist die Abkürzung von Bohémien und bezeichnet einen Lebensstil des frühen 20. Jahrhunderts. Seit den 1990er Jahren sind mehr und mehr Ethno- und Hippie-Einflüsse hinzugekommen. Heute versteht man unter Boho einen lässig ungezwungenen Lifestyle, der alle Bereiche des Lebens beeinflusst. Erdige Töne wie Braun, Beige, Kaki, und Oliv treffen auf freundliche Farben wie Sonnengelb, Bordeauxrot, Violett und Türkisblau und alte Handwerkstechniken erleben ihr Comeback.
Zu diesen Handwerkstechniken gehört auch das Häkeln. Häkeln ist neben dem Stricken meine große Liebe, denn man kommt schnell voran und kann keine Maschen „verlieren" und Boho ist einfach richtig cool.
Die typischen Muster sind Ajour- und Zackenmuster, Streifen, Noppen, Strukturen und natürlich dürfen auch Granny Squares nicht fehlen. Zur Ausschmückung noch eine Rüsche, Bordüren, Fransen und Pompons, edle Knöpfe, Perlen und es darf auch glitzern.
Und weil Boho alle Bereiche des Lebens beeinflusst, findest du in diesem Buch Häkelmodelle für Mode, Accessoires und Wohnen für dich selbst, als Geschenk oder als richtig hippes Mitbringsel.
Ich freue mich, wenn dich die Modelle in diesem Buch inspirieren.
Am besten du fängst gleich heute noch mit deinem ersten Wunschmodell an.

Ganz, ganz viel Freude beim Häkeln wünscht dir
Sabine Ruf

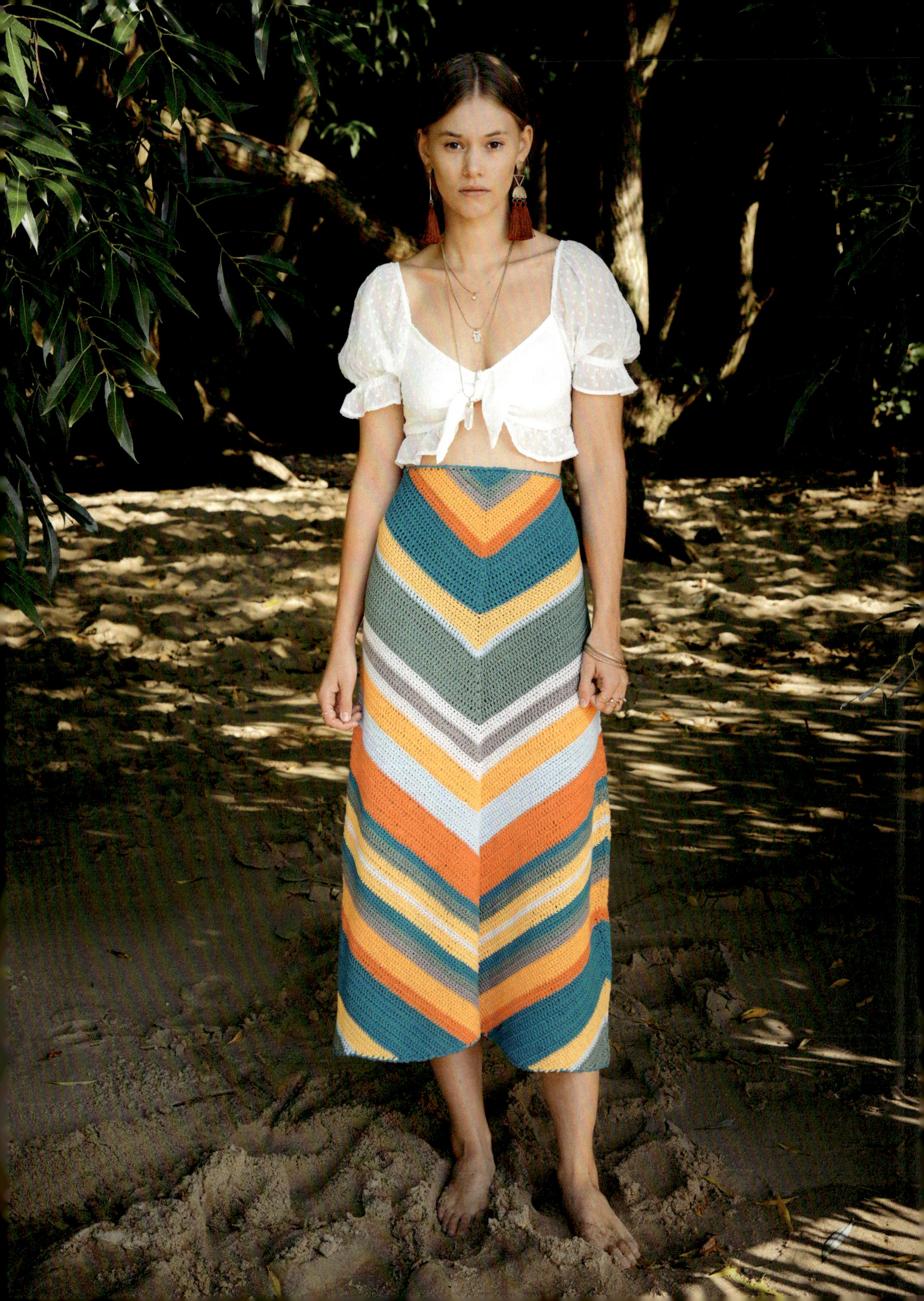

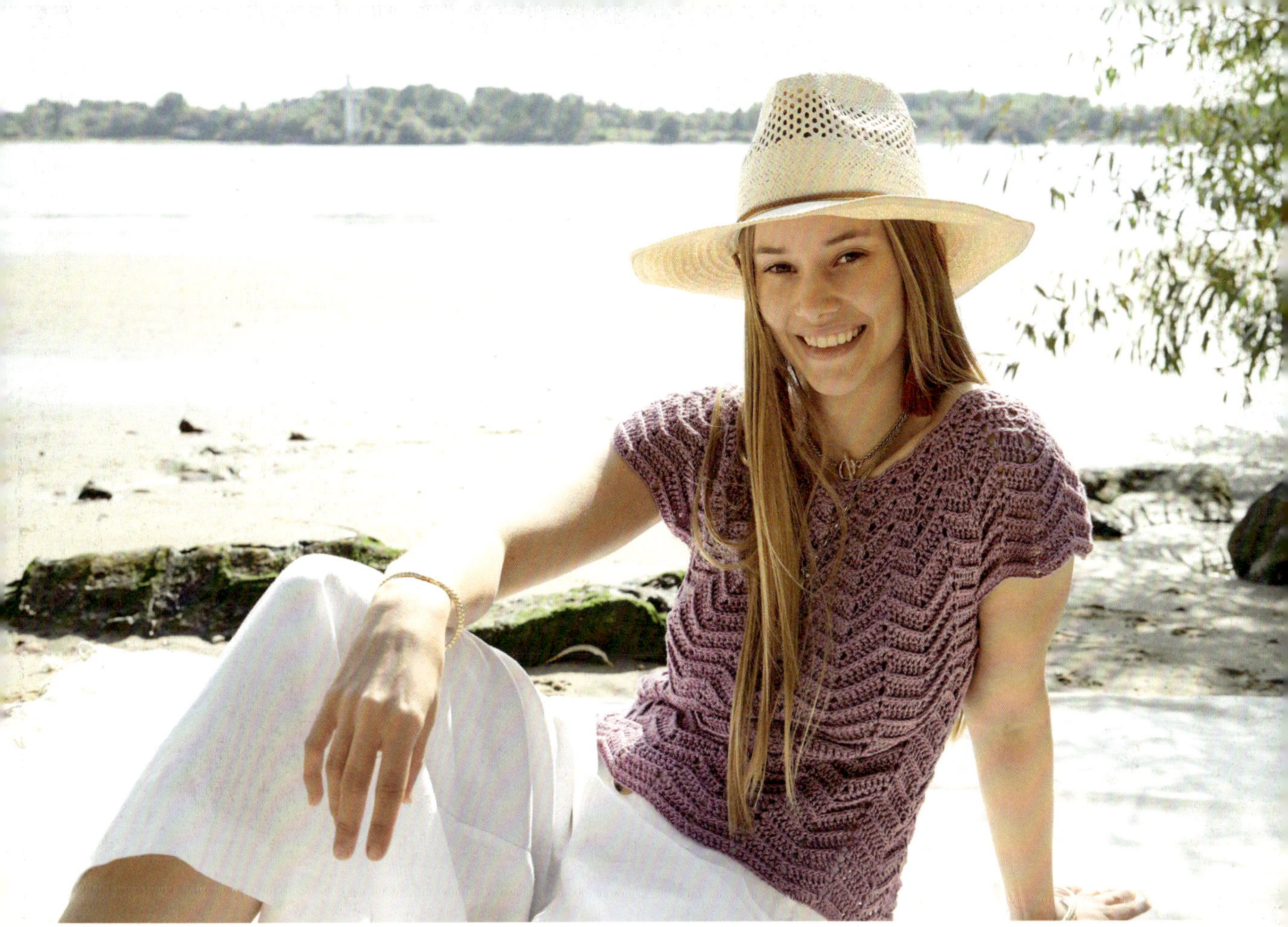

Mode

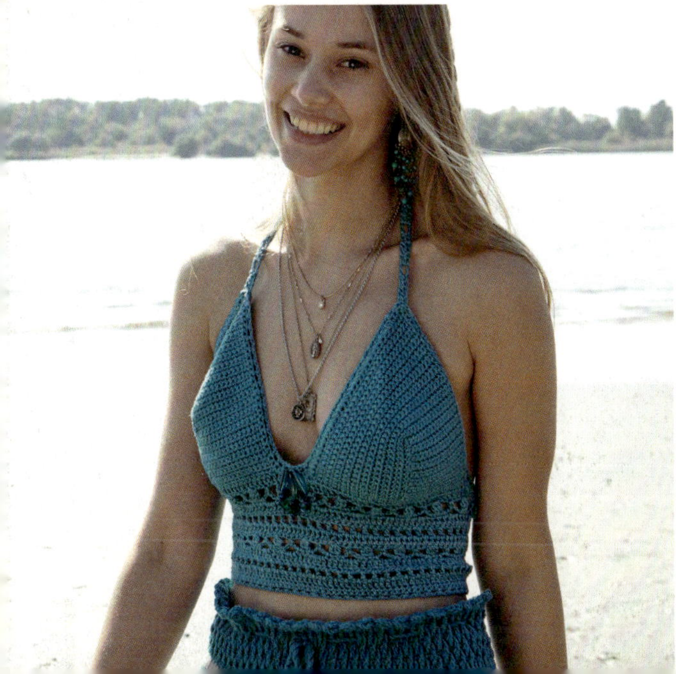

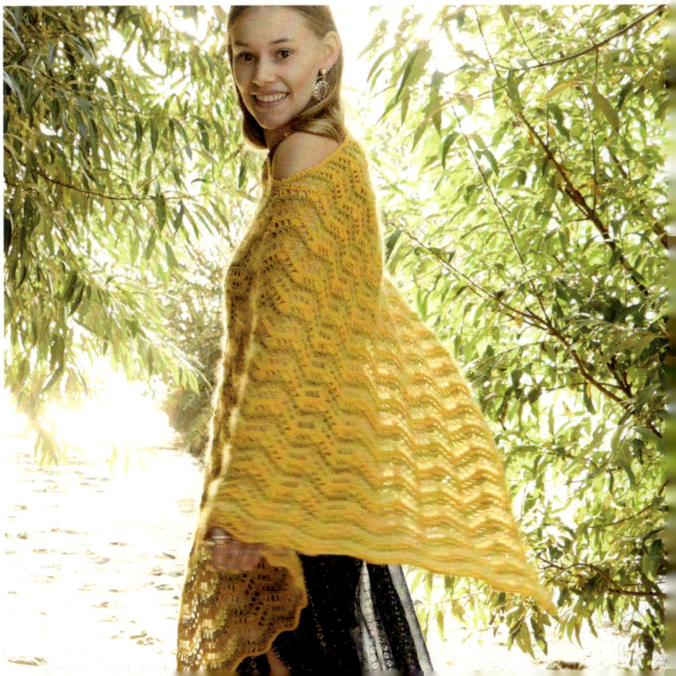

Top

Magst du viele bunte Farben? Bei diesem Neckholder kannst du dich nach Herzenslust austoben. Nur mit festen Maschen und Luftmaschen gehäkelt entstehen die diagonalen Streifen durch Zu- und Abnahmen praktisch wie von selbst.

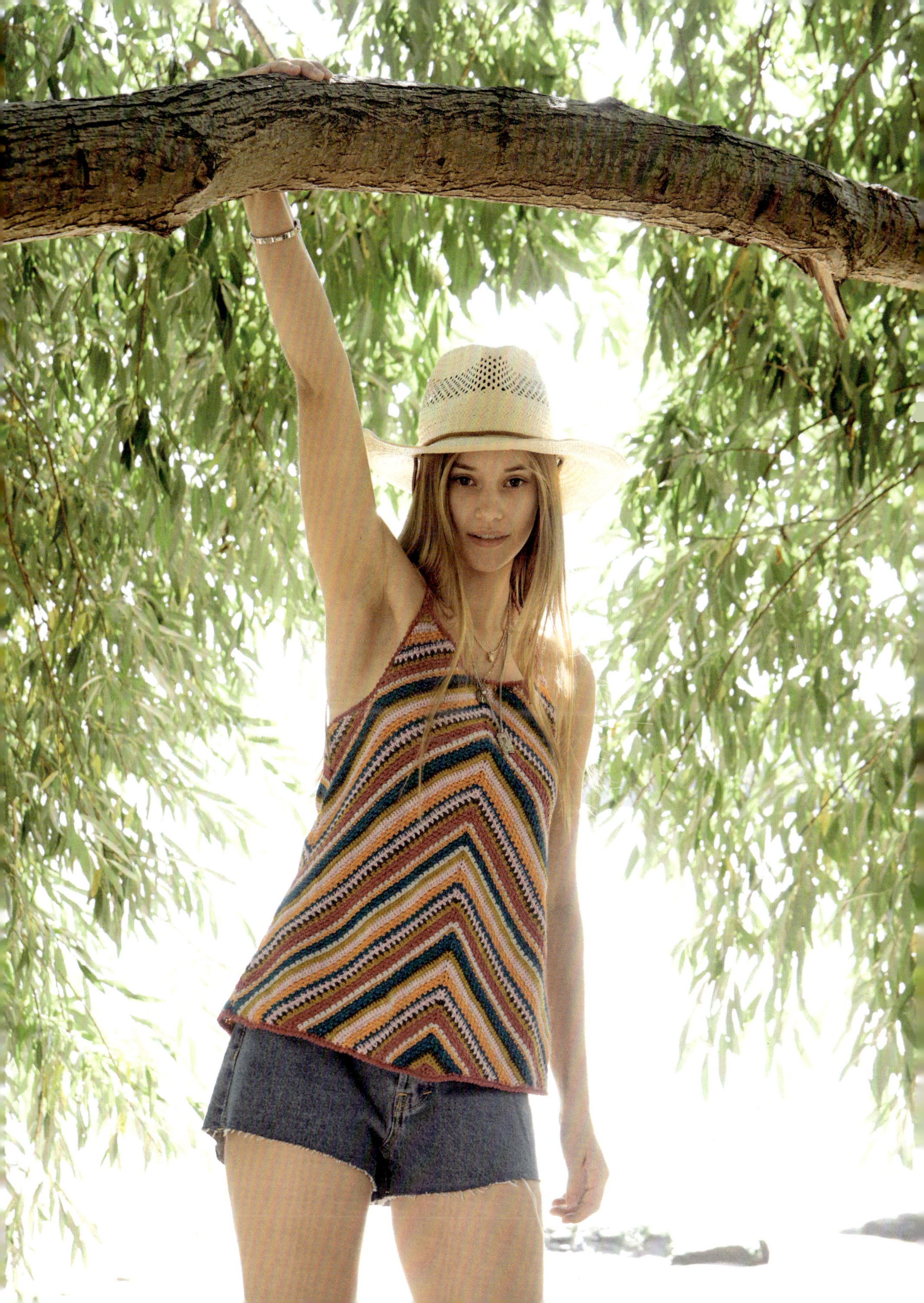

Top

Neckholder

GRÖSSE

36/38, 40/42 und 44
Die Angaben für die größeren Größen stehen hintereinander in Klammern. Steht nur eine Angabe, so gilt diese für alle Größen.

MATERIAL

Lana Grossa Ecopuno (72 % Baumwolle, 17 % Schurwolle Merino, 11 % Baby Alpaka, LL = 215 m/50 g); 50 (100/100) g Petrol (Farbe 12), 50 (100/100) g Jaffaorange (Farbe 5), 50 (100/100) g Currygelb (Farbe 53) und 50 g Silbergrau (Farbe 45); und Lana Grossa Landlust Sommerseide (50 % Seide, 50 % Baumwolle, LL = 170 m/50 g); 100 g Flieder (Farbe 22), 100 g Fuchsia (Farbe 29) und 50 (50/100) g Anthrazit/Graublau (Farbe 25); 1 Häkelnadel 3,5 mm und 4 mm; 1 Maschenmarkierer; Vernähnadel

MASCHENPROBE

Farb- und Musterfolge mit Häkelnadel 4 mm:
23 Maschen x 21 Reihen = 10 cm x 10 cm

MUSTER

Muster 1
Feste M. Jede R mit 1 Wendeluftmasche beginnen.

Muster 2
Maschenzahl teilbar durch 2 plus 1 plus 1 Wendeluftmasche. Nach Häkelschrift 2 arbeiten. Es sind Hin- und Rückreihen gezeichnet. Die Maschen sind so bezeichnet, wie sie gearbeitet werden. In den Hinreihen mit den M vor dem rechten Pfeil beginnen, den Rapport zwischen den Pfeilen stets wiederholen und mit den M nach dem linken Pfeil enden. In den Rückreihen die M entsprechend von links nach rechts lesen. Die 1.–4. R 1x arbeiten, dann die 3. und 4. R stets wiederholen.

Zunahmen ab Saum
Nach Häkelschrift 1 arbeiten. Es sind Hin- und Rückreihen gezeichnet. Die 1.–4. R 1x arbeiten, dann das Prinzip der 3. und 4. R stets wiederholen.

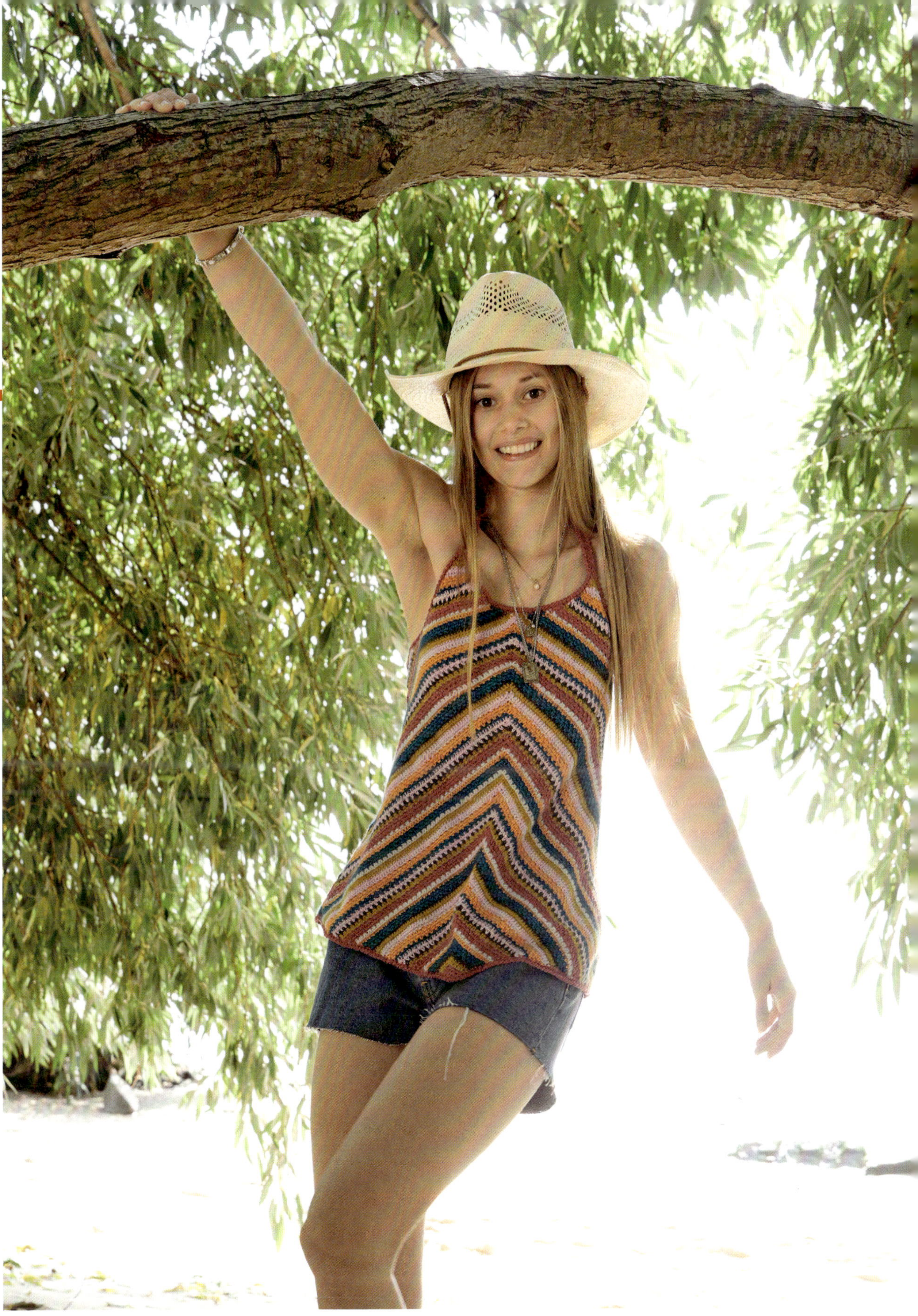

Häkelschrift 1

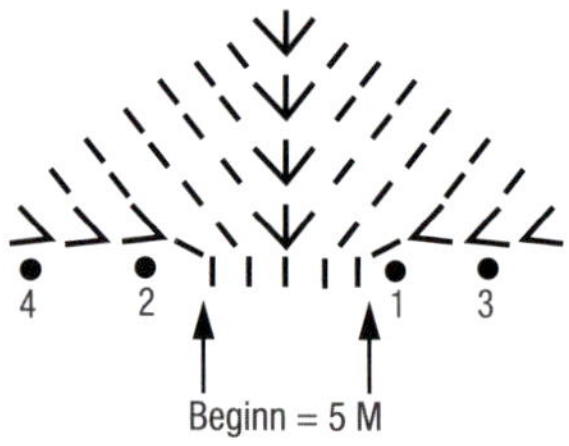

Häkelschrift 2

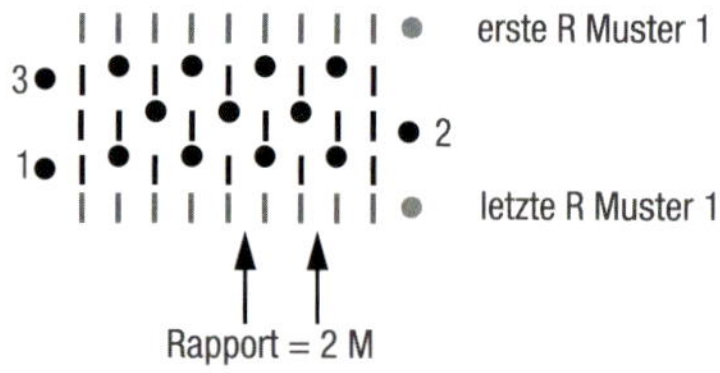

● = 1 Luftmasche

I = 1 feste Masche

V = 2 feste Maschen in eine Einstichstelle

W = 3 feste Maschen in eine Einstichstelle

Farb- und Musterfolge

Muster 1: 2 R Fuchsia, * 2 R Currygelb, 1 R Anthrazit/Graublau, **Muster 2:** 3 R Petrol, **Muster 1:** 1 R Jaffaorange, 1 R Silbergrau, **Muster 2:** 3 R Fuchsia, **Muster 1:** 1 R Currygelb, **Muster 2:** 1 R Anthrazit/Graublau, 2 R Flieder, **Muster 1:** 1 R Petrol, **Muster 2:** 3 R Jaffaorange, **Muster 1:** 2 R Flieder; ab * stets wiederholen.

SO WIRD'S GEMACHT

Einfach raffiniert! Du beginnst mit nur 5 Luftmaschen am Saum des Tops und nimmst in der Mitte und an den Seitenrändern in jeder Reihe Maschen zu. Dadurch wird das Top in jeder Reihe breiter. Bevor du aber beginnst, fertige einen originalgroßen Papierschnitt nach der Schnittzeichnung an. Kontrolliere während des Arbeitens durch Auflegen auf den Papierschnitt die Maße deines Häkelstücks von Zeit zu Zeit.

Rückenteil

5 Luftmaschen plus 1 Wendeluftmasche mit Häkelnadel 4 mm in Fuchsia anschlagen und 5 feste M häkeln. Die Mittelmasche mit dem Maschenmarkierer markieren. Nach Farb- und Musterfolge arbeiten und an der markierten Mittelmasche und beidseitig am Rand Zunahmen nach Häkelschrift 1 arbeiten. Sobald die Saumweite erreicht ist, = 54 (58/62) cm, weiterhin in jeder R in die Mittelmasche 3 feste M häkeln, beidseitig am Rand jedoch in jeder R 2 M zusammen abmaschen. Die Maschenzahl bleibt nun konstant. Für die A-Linie des Tops in jeder 5. R 3 M beidseitig am Rand zusammen abmaschen, anstelle beidseitig am Rand 2 M zusammen abzumaschen. In 38 (40/42) cm Gesamthöhe, in der Mitte gemessen, die Arbeit ab Mitte getrennt beenden. Für das Dreieck A, s. Schnittskizze Rückenteil, von nun an über die M vom Seitenrand bis zur Mitte häkeln und in jeder R, also am Ende der R und gleich zu Beginn der nächsten R, beidseitig je 2 M zusammen abmaschen und weiterhin nach Farb- und Musterfolge arbeiten. Die Pfeile in der Schnittzeichnung geben die Häkelrichtung an. Wenn alle M aufgebraucht sind, Arbeit beenden. Andere Seite ebenso beenden.

Vorderteil

Zunächst wie das Rückenteil arbeiten. In 46 (48/50) cm Gesamthöhe, in der Mitte gemessen, die Arbeit ab Mitte getrennt beenden. Von nun an über die M vom Seitenrand bis zur Mitte häkeln und in jeder R, also am Ende der R und gleich zu Beginn der nächs-

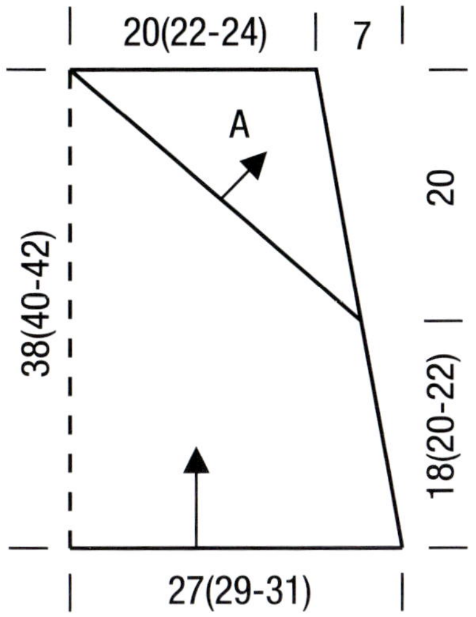

Rückenteil Hälfte

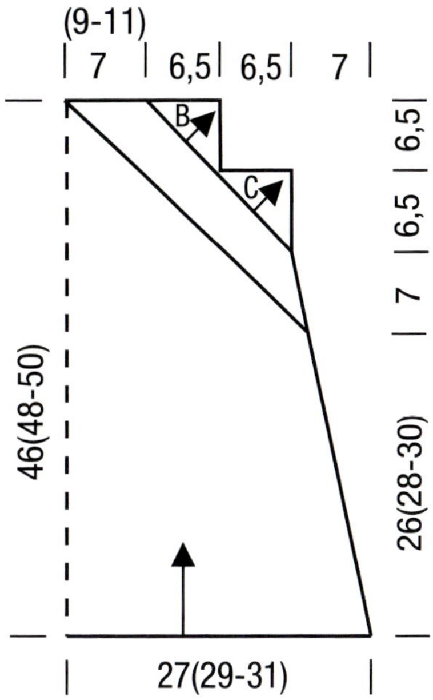

Vorderteil Hälfte

ten R, beidseitig je 2 M zusammen abmaschen und weiterhin nach Farb- und Musterfolge arbeiten. Nach 9 R ab der Spitze für das Dreieck B, s. Schnittskizze Vorderteil, nur noch über die Hälfte der M häkeln, die restlichen M vorerst stilllegen. Nun in jeder R, also wieder am Ende der R und gleich zu Beginn der nächsten R, beidseitig je 2 M zusammen abmaschen und weiterhin nach Farb- und Musterfolge arbeiten. Wenn alle M aufgebraucht sind, Arbeit beenden. Für das Dreieck C, s. Schnittskizze Vorderteil, ab dem Seitenrand über die andere Hälfte der M ebenso arbeiten, bis alle M aufgebraucht sind. Die andere Seite des Vorderteils gegengleich beenden. Die Pfeile in der Schnittzeichnung geben die Häkelrichtung an.

Fertigstellung

Alle Fäden vernähen. Rücken- und Vorderteil spannen, anfeuchten und trocknen lassen. Seitennähte schließen. Alle Ränder mit Häkelnadel 3,5 mm in Fuchsia umhäkeln, dabei an der linken Seitennaht beginnen. **1. Rd:** 1 Wendeluftmasche, feste M. Mit 1 Kettmasche in die Wendeluftmasche die Rd schließen. **2. Rd:** 1 Wendeluftmasche, Krebsmaschen (= feste M von links nach rechts). Mit 1 Kettmasche in die Wendeluftmasche die Rd schließen.

HINWEIS: Den Saum gerade bzw. leicht ausgedehnt, den oberen Rand leicht eingehalten umhäkeln.

Für die 2 Bänder mit Häkelnadel 3,5 mm in Fuchsia eine Luftmaschen-Kette von etwa 45 cm Länge anschlagen und 1 R feste M häkeln, dabei in die 1. und letzte M je 3 feste M häkeln und auf der Unterseite des Luftmaschen-Anschlags 1 R feste M bis zum Anfang zurück häkeln. Die Rd mit 1 Kettmasche in die letzte Luftmasche schließen. Noch 1 Rd Krebsmaschen häkeln, dann die Arbeit beenden. Die Bänder am oberen Rand des Vorderteils beidseitig annähen. Endgültige Maße: 2 cm breit und 50 cm lang. Bänder im Nacken verknoten.

Shirt

Ganz schön auf Zack, dieses Shirt. Ohne Nähte häkelst du es in Runden vom Saum bis zum Carmen-Ausschnitt. Ich habe mich bei dem Muster aus Stäbchen und Reliefstäbchen für die uni Variante entschieden. Wenn du es lieber mit Zick-Zack-Streifen magst, dann wechsle einfach alle paar Reihen die Farbe.

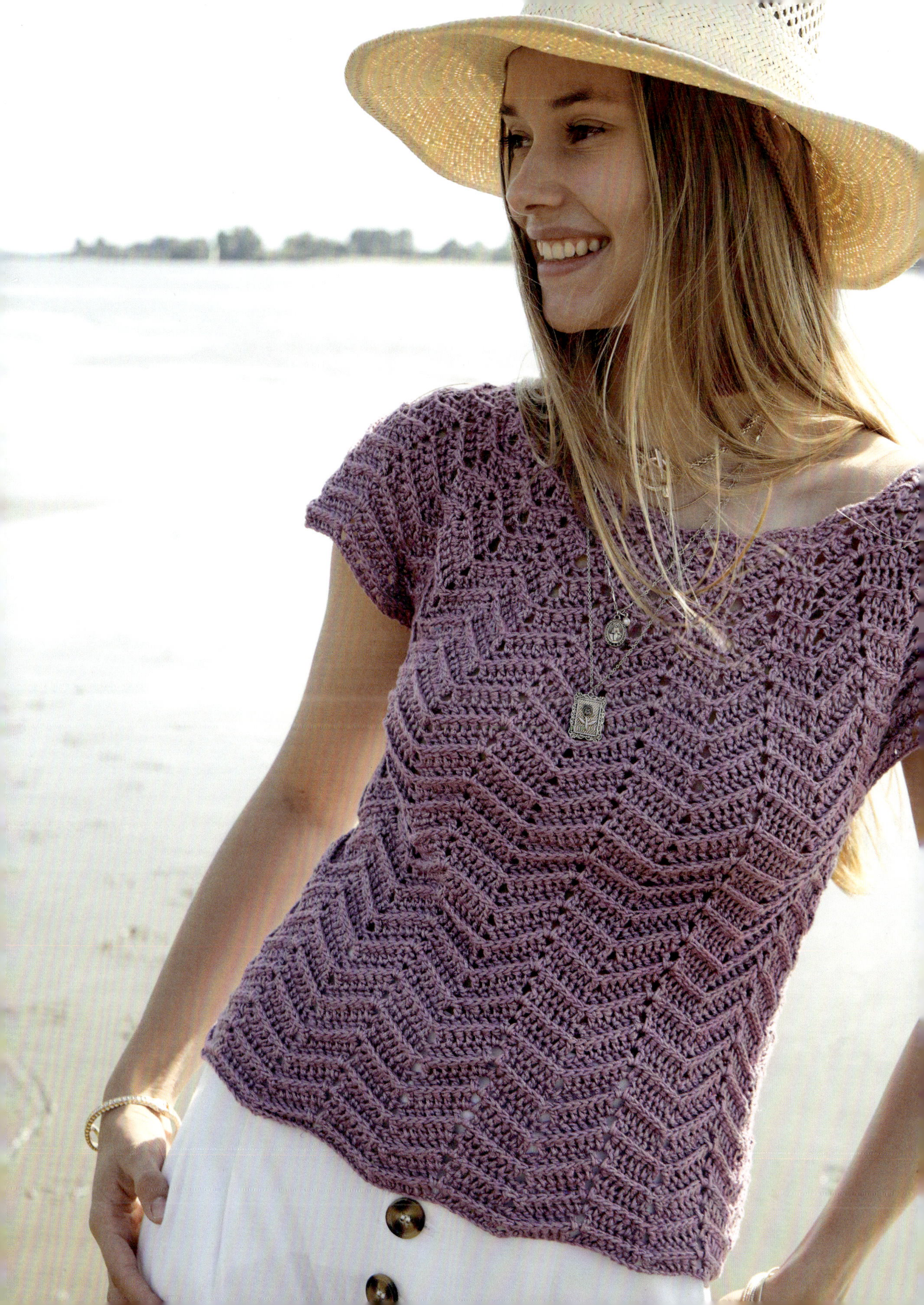

Shirt

Rundpasse

GRÖSSE

36, 40 und 42
Die Angaben für die größeren Größen stehen hintereinander in Klammern. Steht nur eine Angabe, so gilt diese für alle Größen.

MATERIAL

Lana Grossa Linarte (40 % Viskose, 30 % Baumwolle, 20 % Leinen, 10 % Polyamid, LL = 125 m/50 g), 350 (400/400) g Lavendel (Farbe 305); 1 Häkelnadel 4 mm und 4,5 mm; Vernähnadel

MASCHENPROBE

Zackenmuster mit Häkelnadel 4,5 mm:
21 Maschen x 9 Reihen/Runden
= 10 cm x 10 cm

MUSTER

Zackenmuster
Maschenzahl teilbar durch 16 plus 3 Wendeluftmaschen. Nach Häkelschrift in Runden arbeiten. Die Maschen sind so bezeichnet, wie sie gearbeitet werden. Ab Rundenanfang mit den M vor dem rechten Pfeil beginnen, den Rapport zwischen den Pfeilen stets wiederholen und mit den M nach dem linken Pfeil enden. Die 1.–3. Runde 1x arbeiten, dann die 2.–3. Runde stets wiederholen.

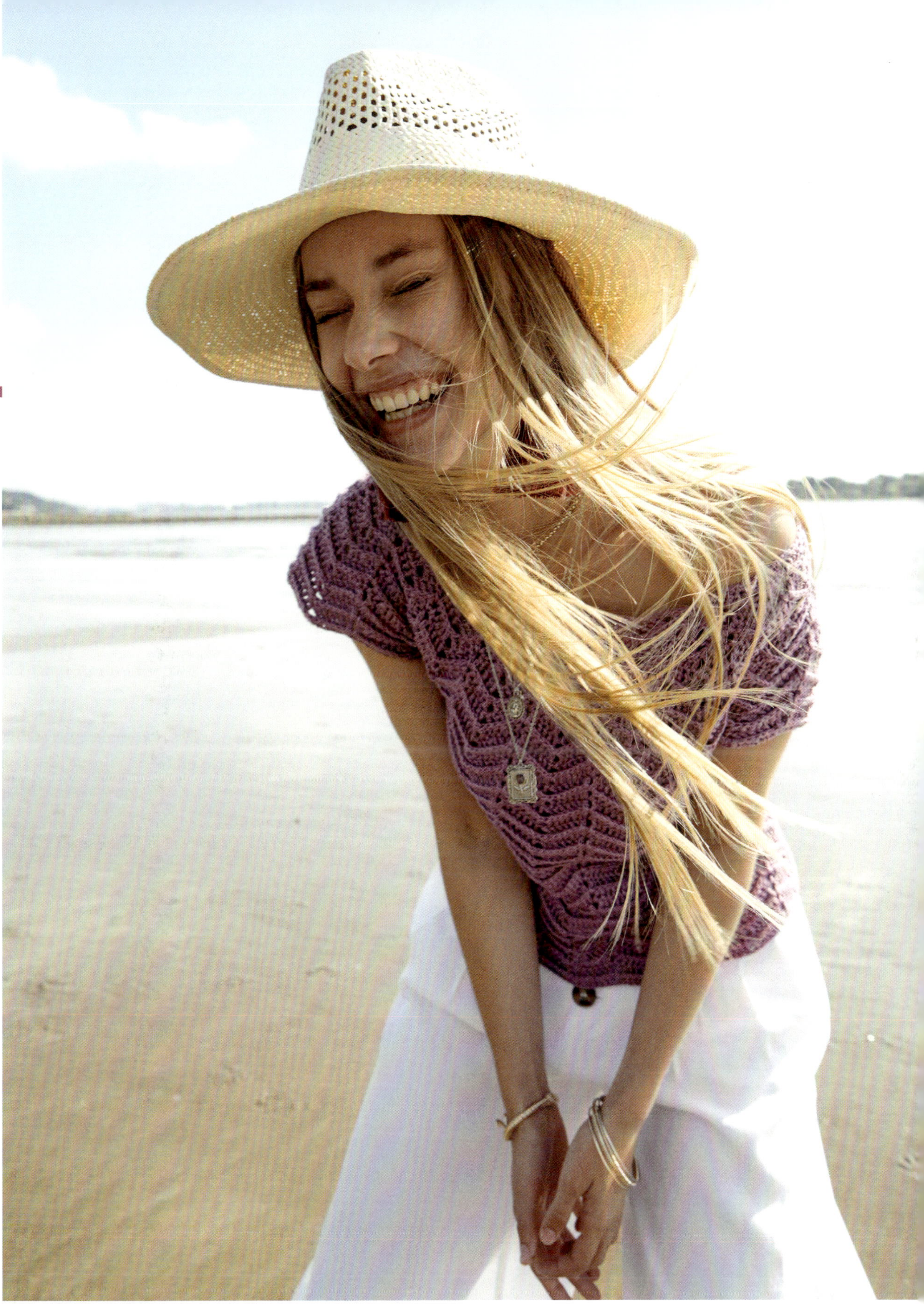

Häkelschrift

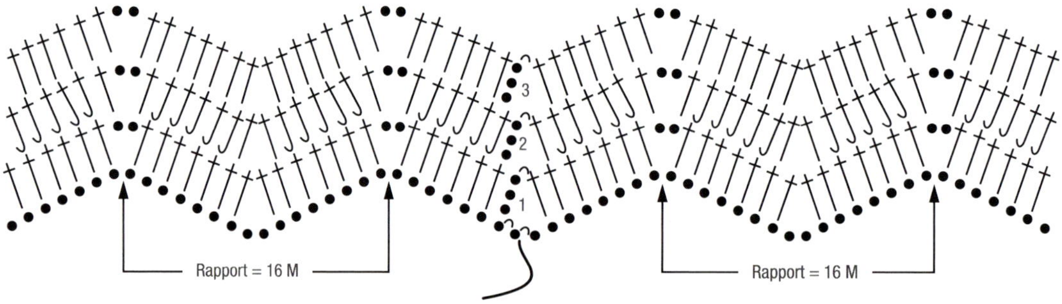

● = 1 Luftmasche

ᴖ = 1 Kettmasche

† = 1 Stäbchen

ɟ = 1 Reliefstäbchen von hinten (= 1 Umschlag auf die Nadel nehmen, von hinten nach vorne und wieder nach hinten um das Stäbchen der Vor-Runde herumstechen und 1 Stäbchen häkeln)

SO WIRD'S GEMACHT

Rücken- und Vorderteil sowie die kurzen Ärmelchen werden in einem Stück und in Runden gehäkelt. Man beginnt am Saum des Shirts. Der Pfeil in der Schnittzeichnung gibt die Häkelrichtung an.
176 (192/208) Luftmaschen mit Häkelnadel 4,5 mm anschlagen und mit 1 Kettmasche in die 1. Luftmasche zur Rd schließen. Im Zackenmuster in Rd häkeln = 11 (12/13) Rapporte. In 27 cm Gesamthöhe, oder der gewünschten Länge, die Seitenlinien markieren. Dafür die 1. Markierung am Rundenbeginn, die 2. Markierung in der Rundenmitte nach 5,5 (6/6,5) Rapporten setzen. In einer 2. Rd Zackenmuster für die Ärmel beidseitig M neu dazu anschlagen und dafür ab Rundenbeginn wie folgt arbeiten: 5,5 (6/6,5) Rapporte bis zur Rundenmitte häkeln, 64 Luftmaschen anschlagen (= 4 Rapporte), 5,5 (6/6,5) Rapporte bis zum Rundenende häkeln, 64 Luftmaschen anschlagen (= 4 Rapporte) = 304 (320/336) M = 19 (20/21) Rapporte. Rd schließen.
Mit der 3. Rd Zackenmuster, = Stäbchen-Rd, über alle M weiterhäkeln. Rundenbeginn und -ende bleiben an der 1. Markierung und in der folgenden **7. Rd**, = Stäbchen-Rd, mit den Abnahmen für die Rundpasse beginnen: In jedem Rapport 19 (20/21)x das 5. und 6. Stäbchen und das 9. und 10. Stäbchen pro Rapport zusammen abmaschen = 266 (280/294) M. **8. Rd:** Mustergemäß häkeln. **9. Rd:** In jedem Rapport 19 (20/21)x das 4. und 5. Stäbchen und das 8. und 9. Stäbchen zusammen abmaschen = 228 (240/252) M. **10. Rd:** Mustergemäß häkeln. **11. Rd:** In jedem Rapport 19 (20/21)x das 3. und 4. Stäbchen und das 7. und 8. Stäbchen zusammen abmaschen = 190 (200/210) M. **12.–13. Rd:** Mustergemäß häkeln.
Ab jetzt mit Häkelnadel 4 mm weiterarbei-

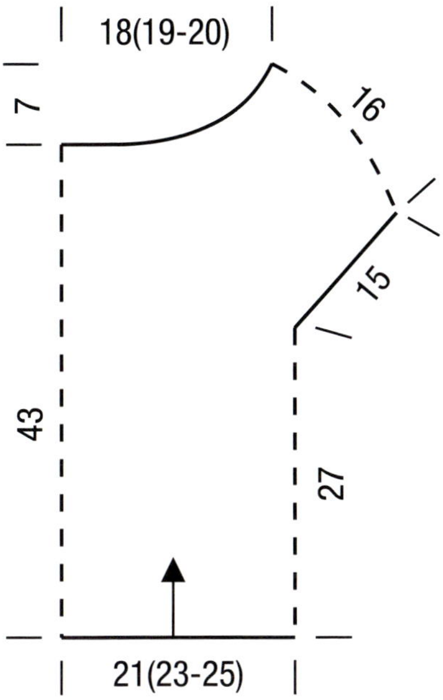

Rücken- und
Vorderteil Hälfte

ten. **14. Rd:** In jedem Rapport 19 (20/21)x das 2. und 3. Stäbchen und das 6. und 7. Stäbchen zusammen abmaschen = 152 (160/168) M. **15. Rd:** Mustergemäß häkeln. Du hast es fast geschafft! Jetzt noch 1 Rd feste M wie folgt häkeln: 1 Wendeluftmasche, * 1 M überspringen, 2 feste M, 2 feste M in den Luftmaschen-Bogen, 2 feste M, 1 M überspringen; ab * stets wiederholen. Mit 1 Kettmasche in die Wendeluftmasche Rd schließen.
TIPP: Soll der Carmen-Ausschnitt nicht ganz so weit ausfallen, oder hast du eher schmale Schultern, dann häkle zusätzlich noch 1 Rd feste M und masche pro Rapport 2x 2 M zusammen ab.

Fertigstellung
Alle Fäden vernähen. Das Shirt spannen, anfeuchten und trocknen lassen.

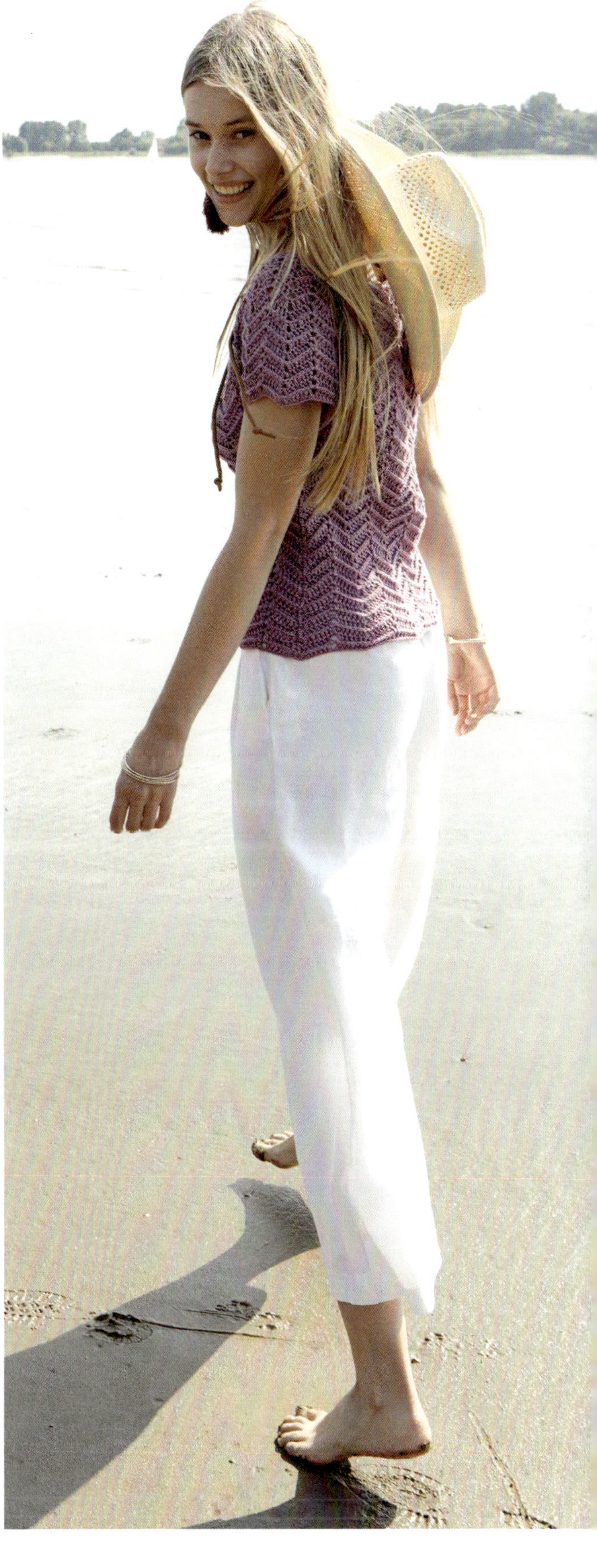

Bustier & Shorts

Dreamteam – aber auch solo richtig cool. Beim Bustier sorgt ein Schnürverschluss im Rücken für die richtige Passform. Die Shorts punkten durch stylische Granny Squares an der Hüfte.

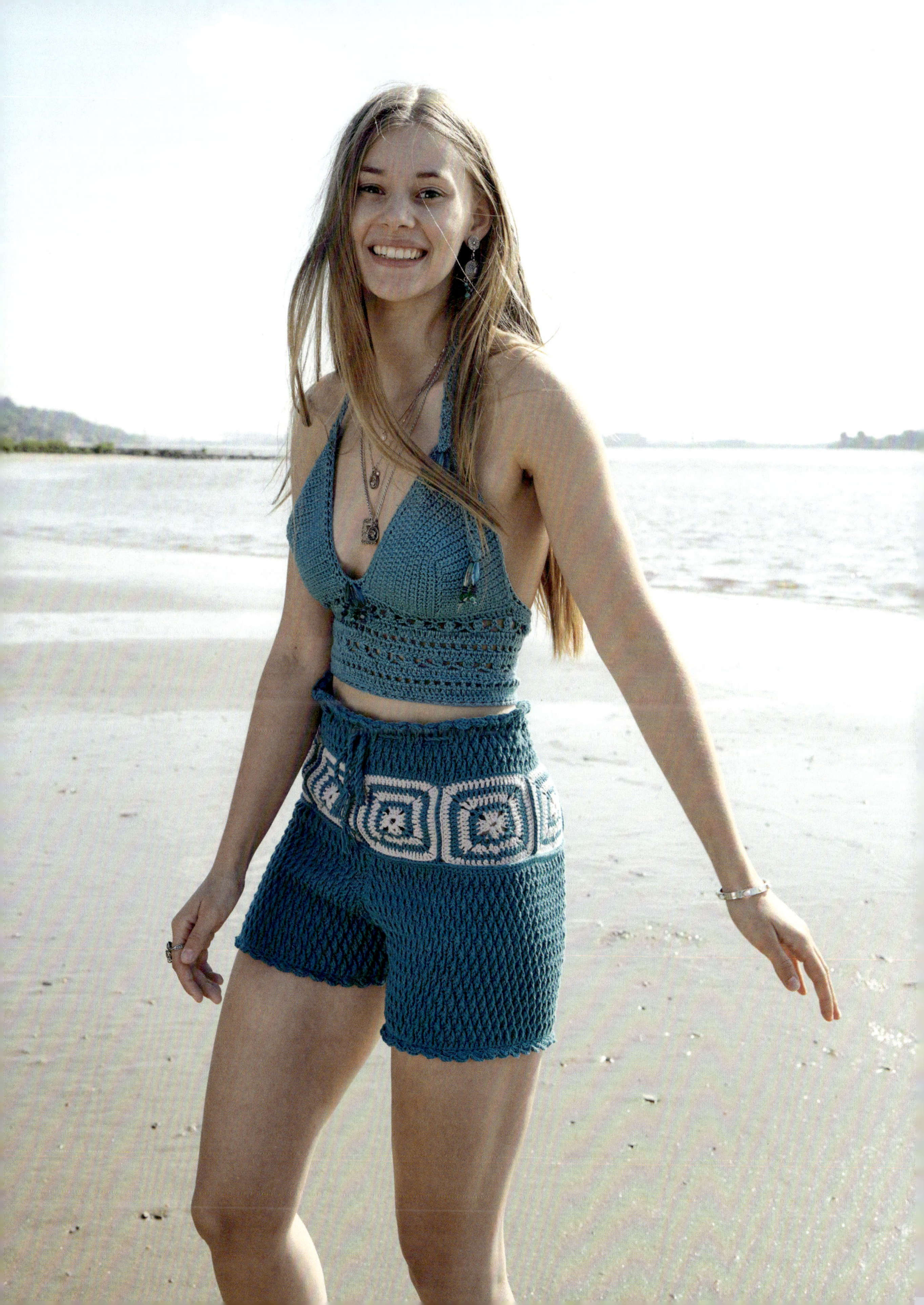

Bustier

Schnürung & Perlen

GRÖSSE
36/38 und 40/42
Die Angaben für die größere Größe stehen in Klammern. Steht nur eine Angabe, so gilt diese für beide Größen.

MATERIAL
Lana Grossa Linarte (40 % Viskose, 30 % Baumwolle, 20 % Leinen, 10 % Polyamid, LL = 125 m/50 g); 150 (200) g Petrol (Farbe 13); 1 Häkelnadel 3,5 mm und 4 mm; Perlen von Gütermann: Rugby Artikel 603082, Farbe 7230, Ø 26 mm, 9 Stück; Scheibenperlen, Artikel 603007, Farbe 6975, Ø 6 mm, 42 Stück; Würfelperlen, Artikel 603015, Farbe 7300, Ø 8 mm, 13 Stück; 1 sehr dünne Nähnadel für Perlen, Nähgarn in passender Farbe; Vernähnadel

MASCHENPROBE
Feste M mit Häkelnadel 3,5 mm:
21 Maschen x 21 Reihen = 10 cm x 10 cm
Gitter-Noppenmuster mit Häkelnadel 4 mm:
20 Maschen x 9 Reihen = 10 cm x 10 cm

MUSTER
Feste Maschen
Jede R mit 1 Wendeluftmasche beginnen.

Gitter-Noppenmuster
Maschenzahl teilbar durch 6 plus 1 plus 3 Wendeluftmaschen. Die Anzahl an Wendeluftmaschen variiert in den Reihen je nach Maschengröße. Nach Häkelschrift arbeiten. Es sind Hin- und Rückreihen gezeichnet. Die Maschen sind so dargestellt, wie sie gearbeitet werden. In den Hinreihen mit den M vor dem rechten Pfeil beginnen, den Rapport zwischen den Pfeilen stets wiederholen und mit den M nach dem linken Pfeil enden. In den Rückreihen die M entsprechend von links nach rechts lesen. Die 1.–11. Reihe 1x arbeiten.

Randmuster
1. Rd: 1 Wendeluftmasche, feste M, mit 1 Kettmasche in die Wendeluftmasche zur Rd schließen. **2. Rd:** 2 Wendeluftmaschen, * 1 Luftmasche, 1 M überspringen, 1 halbes Stäbchen; ab * stets wiederholen, 1 Luftmasche, 1 Kettmasche in die letzte Wendeluftmasche.

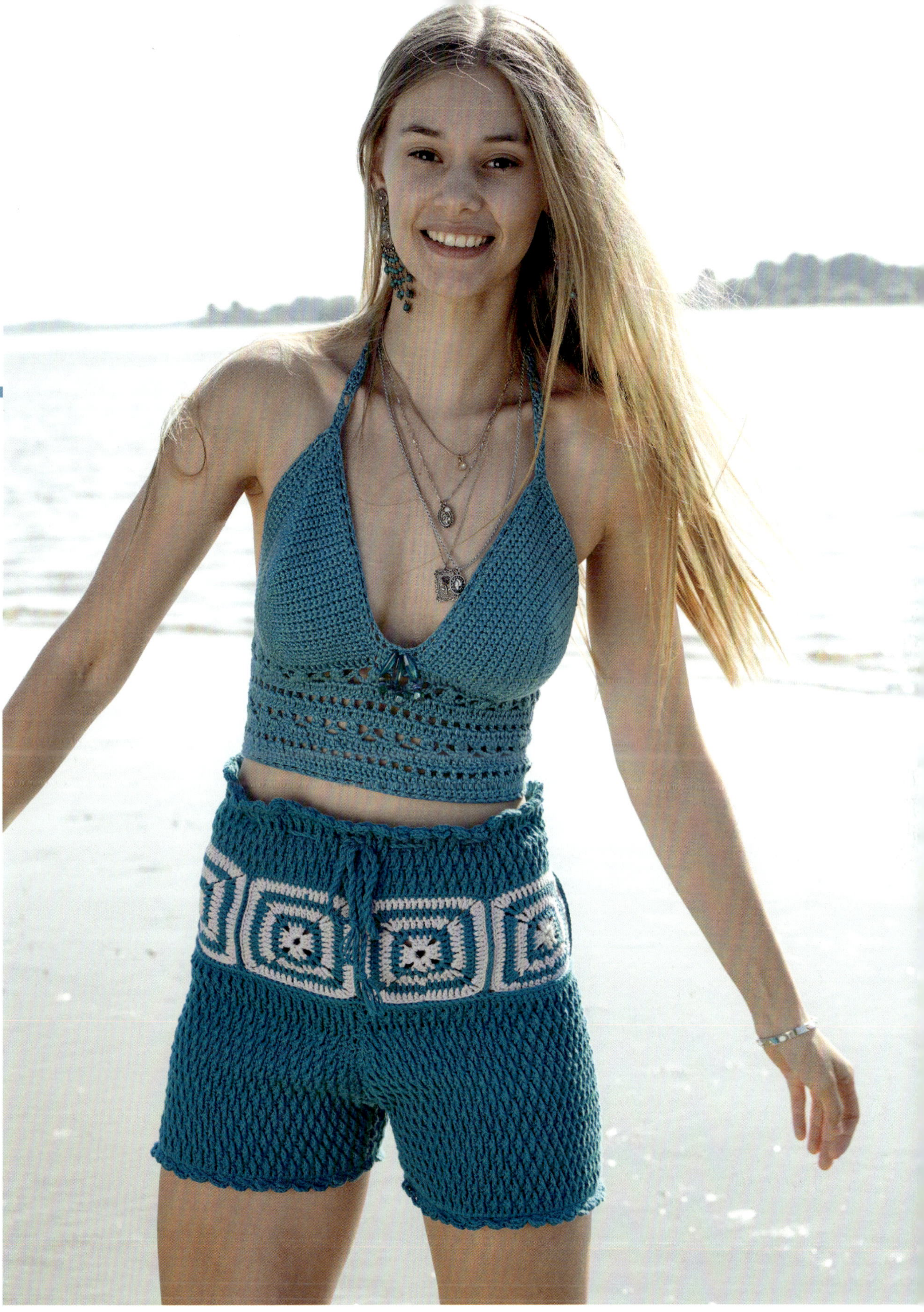

Häkelschrift

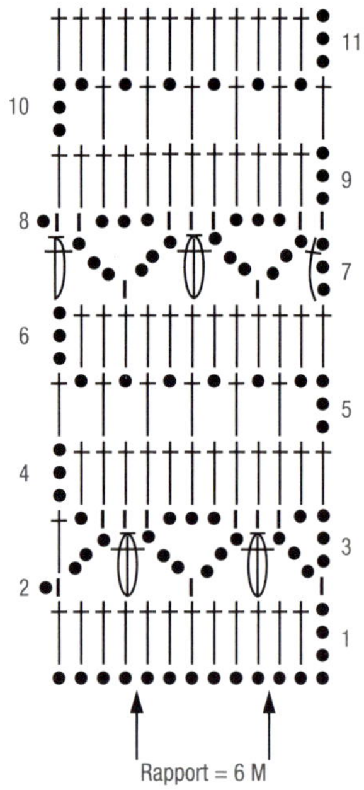

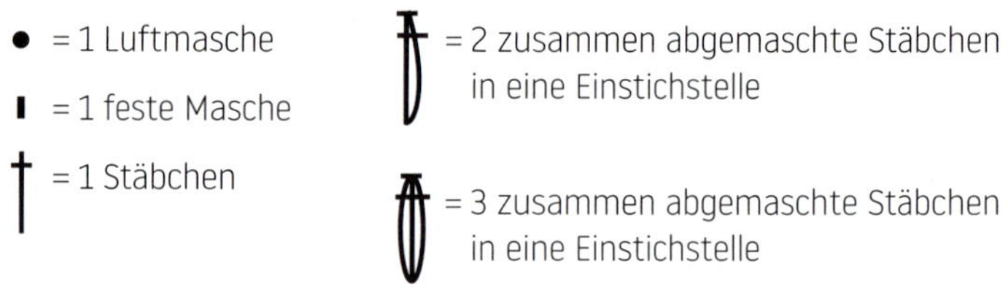

SO WIRD'S GEMACHT

Zuerst werden die beiden Büstenteile gehäkelt und zusammengenäht. Danach wird das Bauchteil im Gitter-Noppenmuster an die Büstenteile angehäkelt. Das hat den Vorteil, dass du das Bauchteil beliebig verlängern oder auch verkürzen kannst, indem du einfach eine Reihe mehr oder eine Reihe weniger häkelst. Die Pfeile in der Schnittzeichnung geben die Häkelrichtung an.

Büstenteil (2 x)

34 (38) Luftmaschen plus 1 Wendeluftmasche mit Häkelnadel 3,5 mm anschlagen und feste M häkeln. Nach 8 (9) cm am Ende der R 17 (19) M unbearbeitet lassen und nur noch über 17 (19) M weiterhäkeln. Nach weiteren 8 (9) cm, = in 16 (18) cm Gesamthöhe, Arbeit beenden. Laut Schnittskizze * auf * legen und Naht bis ° schließen. Diese Naht ist die untere Büstennaht. 2. Büstenteil ebenso arbeiten.

Bauchteil

Das Bauchteil wird von oben nach unten gearbeitet. Der Pfeil in der Schnittzeichnung gibt die Häkelrichtung an. Mit Häkelnadel 4 mm zuerst 32 (34) Luftmaschen anschlagen, 32 (36) Kettmaschen in den unteren Rand des 1. Büstenteils, 5 Luftmaschen anschlagen, 32 (36) Kettmaschen in den unteren Rand des 2. Büstenteils, 32 (34) Luftmaschen plus 3 Wendeluftmaschen anschlagen = 133 (145) M plus 3 Wendeluftmaschen. In der folgenden R im Gitter-Noppenmuster häkeln: Laut Häkelschrift beginnen, 21 (23) x den Rapport wiederholen, laut Häkelschrift enden. Die 1.–11. R 1x arbeiten = circa 10 cm. Arbeit beenden.

Fertigstellung

Alle Fäden vernähen. Teile spannen, anfeuchten und trocknen lassen. Den Rand des Bustiers, also Büstenteile und Bauchteil,

Schnittzeichnung 1
Büstenteil

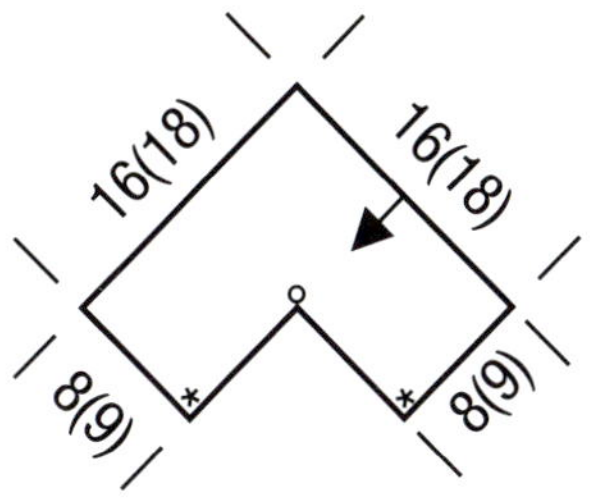

Schnittzeichnung 2
Bauchteil

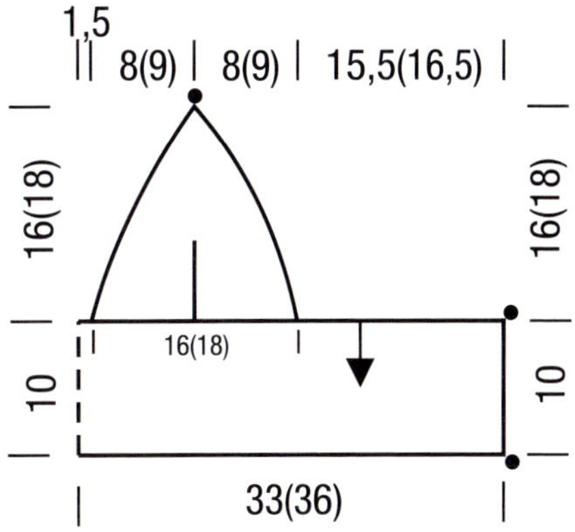

mit 2 Rd Randmuster mit Häkelnadel 3,5 mm umhäkeln, dabei an den Spitzen der Büstenteile und an den Ecken der Bauch teile, siehe • in der Schnittzeichnung, 1 halbes Stäbchen, 1 Luftmasche, 1 halbes Stäbchen in die gleiche M arbeiten.
Die Nackenbänder an den Spitzen der beiden Büstenteile wie folgt anhäkeln: Auf der Innenseite 2 Luftmaschen mit Häkelnadel 3,5 mm heraushäkeln und wie folgt arbeiten: **1.–3. R:** 2 Wendeluftmaschen, 2 halbe Stäbchen. **4. R:** 2 Wendeluftmaschen, * 1 Luftmasche, 1 M überspringen, 1 halbes Stäbchen. Die 1.–4. R stets wiederholen. In 72 cm Gesamthöhe Arbeit beenden. An die Enden beider Bänder mit der Nähnadel Perlen wie folgt annähen: * 1 längliche Perle Rugby, 3 Scheibenperlen, 1 Würfelperle, 1 Scheibenperle, dann mit der Nähnadel zurück durch die Würfelperle, die 3 Scheibenperlen und die 1 längliche Perle Rugby, dann Faden am Band gut vernähen; ab * noch 2x wiederholen. Zwischen den Büstenteilen in der vorderen Mitte 3x die gleiche Anordnung der Perlen annähen.
Für die Schnürung im Rücken mit Häkelnadel 4 mm doppelfädig eine Luftmaschen-Kette häkeln. Nach 64 (72) cm Gesamtlänge Arbeit beenden. Fäden vernähen und Enden verknoten. Band als Schnürung am Rücken durch die Löcher des Randmusters einziehen, dabei jeweils in der oberen Mitte beginnen. Auf die beiden Enden des Bandes 5 Perlen aufnähen: 1 Würfelperle, 3 Scheibenperlen, 1 Würfelperle. Nackenbänder im Nacken verknoten und lang hängen lassen. Die Bänder der Schnürung auf die nötige Weite bringen, verknoten und hängen lassen.

Shorts

Granny Squares

GRÖSSE
36/38 und 40/42
Die Angaben für die größere Größe stehen in Klammern. Steht nur eine Angabe, so gilt diese für beide Größen.

MATERIAL
Lana Grossa Elastico (96 % Baumwolle, 4 % Polyester (Elité), LL = 160 m/50 g); 250 (300) g Petrol (Farbe 122) und 50 g Grège (Farbe 103); 1 Häkelnadel 3,5 mm; Vernähnadel

MASCHENPROBE
Riffelmuster mit Häkelnadel 3,5 mm:
20 Maschen x 18 Reihen/Runden = 10 cm x 10 cm
Granny Square mit Häkelnadel 3,5 mm:
5 Rd = 10 cm x 10 cm
Granny Square mit Häkelnadel 3,5 mm:
6 Rd = 12 cm x 12 cm

MUSTER
Granny Square
Nach Häkelschrift 1 arbeiten. Es ist jede Rd gezeichnet. Die 1.–5. (1.–6.) Rd nach Farbfolge 1 (2) arbeiten.

Farbfolge 1
* 1 Rd Grège, 1 Rd Petrol; ab * noch 1x wiederholen, 1 Rd Grège, = 5 Rd.

Farbfolge 2
* 1 Rd Petrol, 1 Rd Grège; ab * noch 2x wiederholen = 6 Rd.

Riffelmuster in Reihen
Maschenzahl teilbar durch 2 plus 3 Wendeluftmaschen. Die Anzahl an Wendeluftmaschen variiert in den Reihen je nach Maschengröße. Nach Häkelschrift 2a arbeiten. In den Hinreihen mit den M vor dem rechten Pfeil beginnen, den Rapport zwischen den Pfeilen stets wiederholen und mit den M nach dem linken Pfeil enden. In den Rückreihen die M entsprechend von links nach rechts lesen. Die 1.–8. R 1x arbeiten, dann die 5.–8. R stets wiederholen.

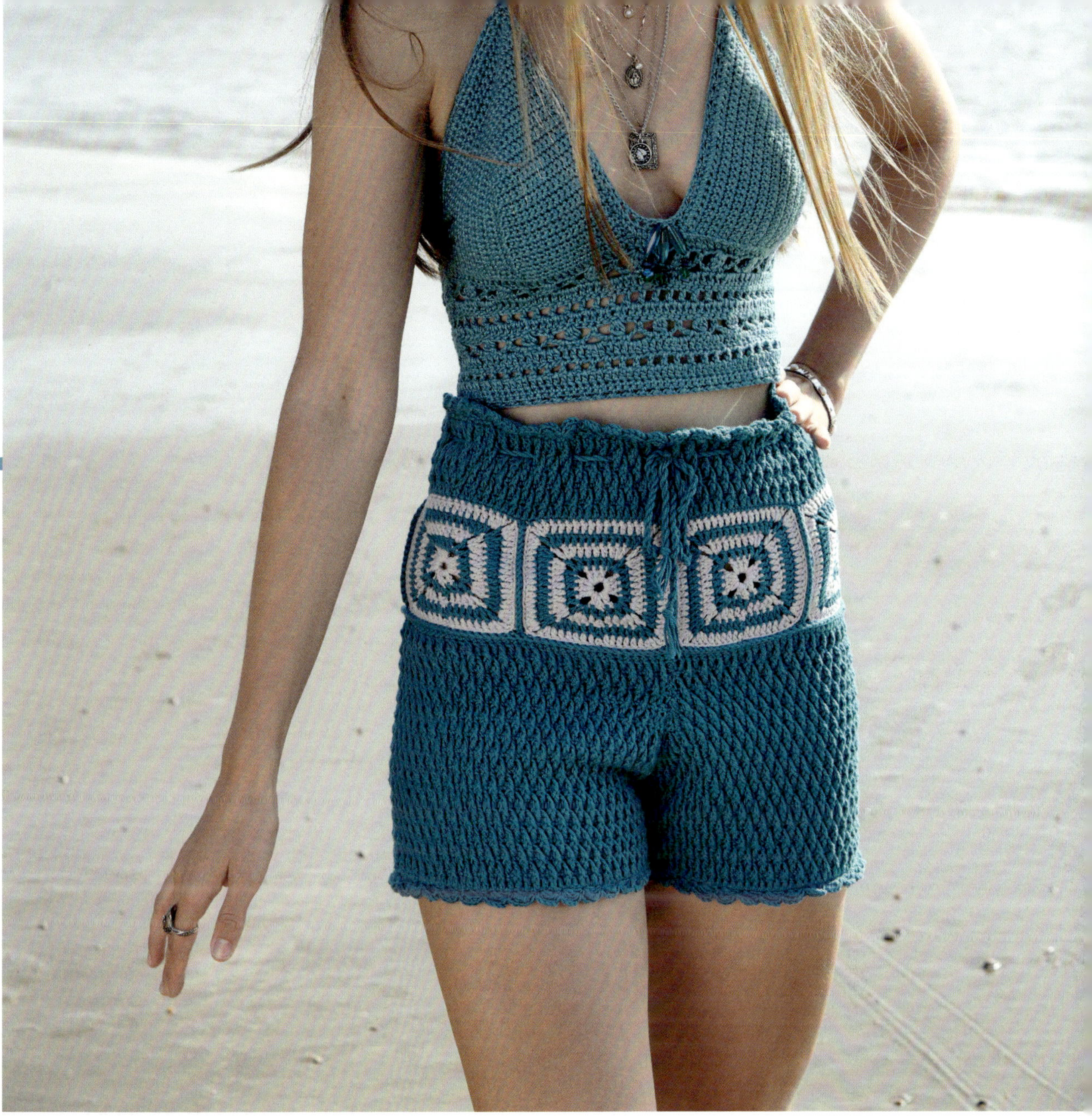

Riffelmuster in Runden
Maschenzahl teilbar durch 2 plus 3 Wendeluftmaschen. Die Anzahl an Wendeluftmaschen variiert in den Runden je nach Maschengröße. Nach Häkelschrift 2b arbeiten. Die 1.–8. Rd 1x arbeiten, dann die 5.–8. Rd stets wiederholen.

Muschelmuster
Maschenzahl teilbar durch 3. Es wird in Rd gearbeitet. **1. Rd:** 1 Wendeluftmasche, * 1 feste M, 1 Muschel (= 4 Luftmaschen, 1 halbabgemaschtes Doppelstäbchen und 2 halbabgemaschte Stäbchen zurück in die feste M, dann alle auf der Nadel liegenden Schlingen zusammen abmaschen), 2 M der Vor-Rd überspringen; ab * stets wiederholen.

Häkelschrift 1

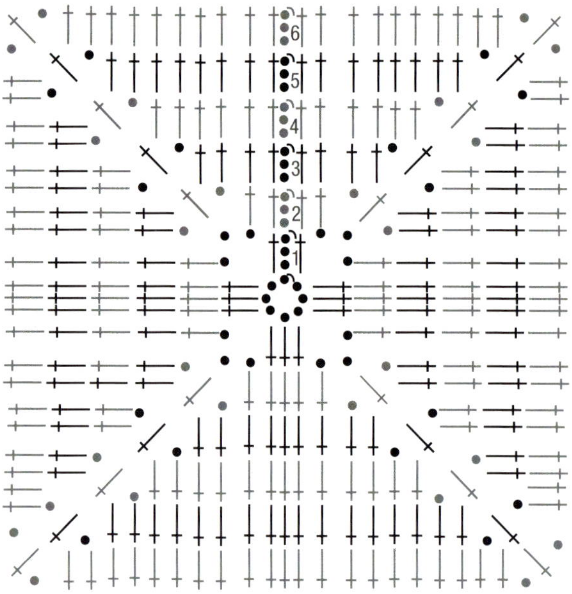

● = 1 Luftmasche

ᴖ = 1 Kettmasche

ı = 1 feste Masche

† = 1 Stäbchen

= 1 doppeltes Reliefstäbchen von vorne (= 2 Umschläge auf die Nadel nehmen, von vorne nach hinten und wieder nach vorne um das Stäbchen der Vor-R/Vor-Rd herumstechen und ein doppeltes Stäbchen häkeln)

SO WIRD'S GEMACHT

Zuerst 8 Granny Squares häkeln und zu einem langen Streifen aneinanderhäkeln, dann den Anfang mit dem Ende verbinden und dadurch zu einem Kreis schließen. Die Hosenbeine werden im Riffelmuster separat gehäkelt und dann an den Kreis aus Granny Squares angehäkelt. Zum Schluss am gegenüberliegenden Rand das Riffelmuster, nun jedoch in Runden, anhäkeln. Die Pfeile in der Schnittzeichnung geben die Häkelrichtung an.

8 Granny Squares häkeln

8 Luftmaschen in Grège (Petrol) mit Häkelnadel 3,5 mm anschlagen und mit 1 Kettmasche in die 1. Luftmasche zum Ring schließen.

TIPP: Du ersparst dir das Vernähen des Anfangsfadens, wenn du ihn in der 1. Rd in die Stäbchen mit einhäkelst.

In Farbfolge 1 (2) von der 1.–5. Rd (1.–6. Rd) häkeln. Arbeit beenden. Alle Fäden vernähen. Die 8 Granny Squares spannen, anfeuchten und trocknen lassen. Alle 8 Granny Squares nacheinander an einer Seite mit festen M von der Außenseite her in Petrol zu einem langen Band aneinanderhäkeln, dann den Anfang und das Ende aneinanderhäkeln und dadurch zu einem Kreis schließen.

Linkes Hosenteil

104 (120) Luftmaschen plus 3 Wendeluftmaschen mit Häkelnadel 3,5 mm in Petrol anschlagen und gleich im Riffelmuster arbeiten. Für die Beinschräge am rechten Rand in jeder R 12x 1 M zunehmen und **gleichzeitig** am linken Rand in der 2. R 1x 1 M, dann in der folgenden 2. R 1x 1 M und in jeder 3. R 2x 1 M zunehmen = 120 (136) M. In 7 cm Gesamthöhe für die Schrittrundung am rechten Rand 1x 6 M unbearbeitet lassen, dann in jeder R 2x 2 M und 14x 1 M abnehmen und **gleichzeitig** am linken Rand 1x 3 M unbearbeitet lassen, dann in jeder R 1x 2 M und 7x 1 M, dann in jeder 2. R 2x 1 M abnehmen = 82 (98) M. Nach 12 cm ab Beginn Schrittrundung, beziehungsweise in 19 cm Gesamthöhe, Arbeit stilllegen. Das rechte Hosenbein gegengleich arbeiten.

Häkelschrift 2a

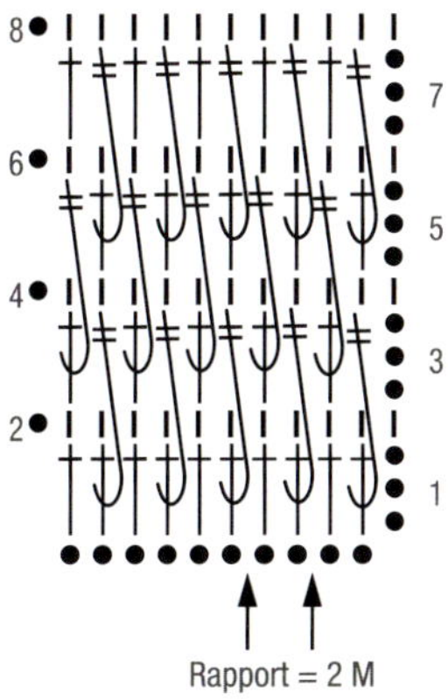

Häkelschrift 2b

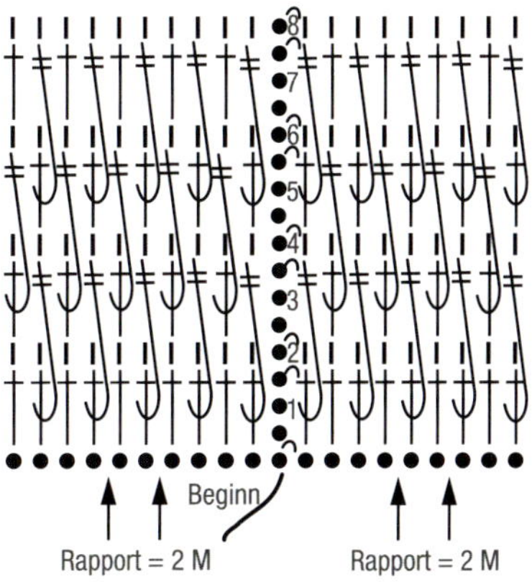

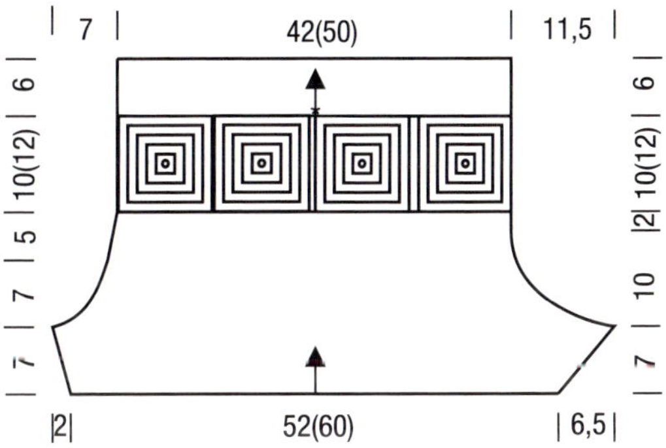

Linkes Hosenteil

Granny Square

Fertigstellung 1

Alle Fäden vernähen. Hosenbeine spannen, anfeuchten und trocknen lassen. Schritt- und Beinnähte schließen. Das geschlossene Band aus Granny Squares mit festen M in Petrol an die Hosenbeine anhäkeln, dabei darauf achten, dass 4 Granny Squares auf eine Hosenhälfte kommen und die Schrittnähte jeweils auf eine Häkel-Naht der Granny Squares treffen.

Hosenbund

Am oberen Rand der Granny Squares Faden in Petrol zwischen dem 2. und 3. Granny Square anschlingen, siehe * in der Schnittzeichnung. Der Rd-Beginn liegt an der linken Seitenlinie. In Rd im Riffelmuster nach Häkelschrift 2b häkeln, dabei in der 1. Rd pro Quadrat 21 (25) M anhäkeln = insgesamt 168 (200) M. Nach 6 cm mit 1 Rd feste M enden, dabei verteilt 3 x 2 (5 x 2) M zusammen abmaschen = 165 (195) M.

Fertigstellung 2

Den Hosenbund und die Beinränder mit 1 Rd Muschelrand in Petrol umhäkeln, dafür beim Bund an der Seitenlinie beginnen und enden, an den Beinrändern an den Beinnähten beginnen und enden. Alle Fäden vernähen. Aus 4 Fäden eine Kordel in Petrol herstellen, fertige Länge = 140 (150) cm. Enden verknoten und kurze Fransen hängen lassen. Kordel am Bund durch die vorletzte R Stäbchen des Riffelmusters einziehen, dabei in der vorderen Mitte beginnen und enden.

Kleid

Das Leinenkleid mit Stäbchen und Streifen in superschönen Boho-Farben in Runden gehäkelt zeigt viel Haut, einfach cool! Die 7/8-Hosen machen den Boho-Look komplett, funktioniert aber auch solo.

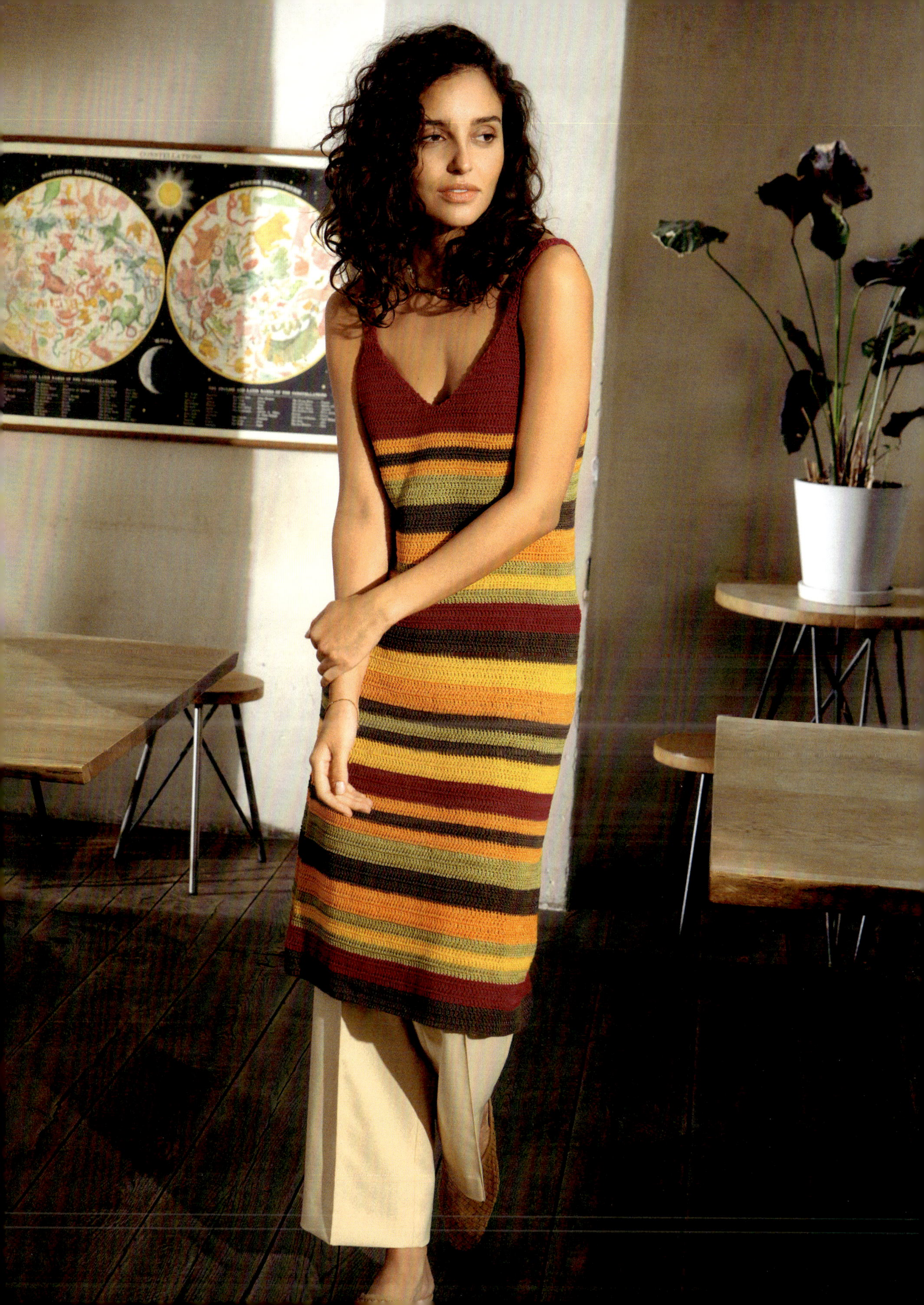

Kleid

Leinenkleid

GRÖSSE
36/38 und 40/42
Die Angaben für die größere Größe stehen in Klammern. Steht nur eine Angabe, so gilt diese für beide Größen.

MATERIAL
Lana Grossa Solo Lino (80 % recyceltes Leinen (Viskose), 20 % Leinen, LL = 120 m/50 g); 200 (250) g Dunkelpurpur (Farbe 17), 200 g Helloliv (Farbe 47), 150 (200) g Graubraun (Farbe 7), 150 (200) g Maisgelb (Farbe 42) und 150 (200) g Orange (Farbe 25); Häkelnadel 3 mm und 3,5 mm; 2 Maschenmarkierer, Vernähnadel

MASCHENPROBE
Stäbchen mit Häkelnadel 3,5 mm:
18 Maschen x 9 Reihen/Runden = 10 cm x 10 cm
Stäbchen mit Häkelnadel 3 mm:
20 Maschen x 9,5 Reihen/Runden = 10 cm x 10 cm

MUSTER
Stäbchen in Runden
Jede Rd mit 2 Wendeluftmaschen beginnen und mit 1 Kettmasche in die 2. Wendeluftmasche schließen. Für einen geraden Übergang von einer Rd zur nächsten, am Beginn einer neuen Rd 2 Wendeluftmaschen häkeln, Arbeit wenden und das 1. Stäbchen der neuen Rd in das letzte Stäbchen der Vor-Rd häkeln. Beim Farbwechsel die Kettmasche am Ende der Rd gleich in der nächsten Farbe häkeln.

Stäbchen in Reihen
Jede R mit 2 Wendeluftmaschen als Ersatz für das 1. Stäbchen beginnen.

Streifenfolge
* 4 Rd Graubraun, 4 Rd Dunkelpurpur, 2 Rd Helloliv, 2 Rd Maisgelb, 2 Rd Helloliv, 4 Rd Orange, 4 Rd Graubraun, 4 Rd Helloliv, 2 Rd Orange, 2 Rd Graubraun, 2 Rd Orange, 4 Rd Dunkelpurpur, 4 Rd Maisgelb, 2 Rd Graubraun, 2 Rd Helloliv, 2 Rd Graubraun, 4 Rd Orange, 4 Rd Maisgelb, = 54 Rd. Ab * noch 36 Rd arbeiten. Die Streifenfolge endet nach 90 Rd mit 4 Rd Dunkelpurpur.

SO WIRD'S GEMACHT

Das Kleid wird bis zu den Armausschnitten in Runden gehäkelt. Magst du das Kleid lieber länger? Kein Problem, dann einfach einige Streifen des Rapports dazu häkeln, die Abnahmen für die Seitenschrägen jedoch an der Stelle beginnen, wie in der Anleitung angegeben.

216 (232) Luftmaschen mit Häkelnadel 3,5 mm in Graubraun locker anschlagen. Mit 1 Kettmasche in die 1. Luftmasche Arbeit zur Rd schließen. Nach Streifenfolge Stäbchen in Rd häkeln. Rundenanfang und Rundenmitte markieren. Für die Seitenschräge in der 10. Rd das 2. und 3. Stäbchen nach Runden-Beginn und das 2. und 3. Stäbchen nach der Runden-Mitte zusammen abmaschen, sowie das 3. letzte und 2. letzte Stäbchen vor der Runden-Mitte und das 3. letzte und 2. letzte Stäbchen vor Runden-Ende zusammen abmaschen = 4 abgenommene M pro Rd. Diese Abnahmen in jeder 10. Rd noch 3x und in jeder 8. Rd 5x wiederholen = 180 (196) M. In 88 cm Gesamthöhe, = nach 80 Rd, mit Häkelnadel 3 mm weiterarbeiten. In 98 cm Gesamthöhe, = nach 90 Rd und gleichzeitig das Ende der Streifenfolge, die Arbeit in 2 Hälften teilen = je 90 (98) M. Mit Häkelnadel 3 mm in Dunkelpurpur über die 90 (98) M der 1. Hälfte das linke Büstenteil arbeiten. Vorderteilmitte markieren. Ab Rundenbeginn 1 x 5 M unbearbeitet lassen, bis zu der markierten Mitte häkeln, Arbeit wenden. 3 Wendeluftmaschen, 3 M zusammen abmaschen, die 2., 3. und 4. letzte M zusammen abmaschen. In dieser Weise in jeder R noch 8 (9) x 2 M beidseitig abnehmen = 4 M. Mit den restlichen 4 M für den Träger wie folgt arbeiten:
1. R: 2 Wendeluftmaschen, 3 Stäbchen. Die 1. R stets wiederholen. Nach ca. 40 (42) cm, oder der individuellen Länge des Trägers, Arbeit beenden.

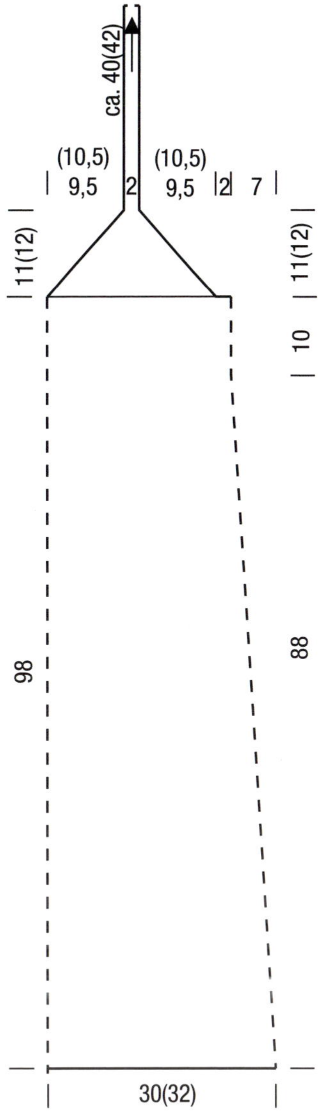

Rücken- und Vorderteil Hälfte

HINWEIS: Träger werden durch das Tragen eventuell etwas länger. Rechtes Büstenteil gegengleich arbeiten.

Fertigstellung

Alle Fäden vernähen. Kleid spannen, anfeuchten und trocknen lassen. Mit Häkelnadel 3 mm die Ränder der Träger, den Ausschnittrand und den gesamten oberen Rand des Rückenteils in Dunkelpurpur mit 1 Rd Krebsmaschen (= feste M von links nach rechts) umhäkeln. Träger am Rückenteil beidseitig der mittleren 15 cm annähen.

Weste

Drei Garne, ein superschönes Zackenmuster mit Büschelmaschen und zum Schluss noch die Rüsche aus einem kuschelig weichen Mohairgarn mit Seide; mehr braucht es nicht für diese Weste mit typischem Boho-Touch.

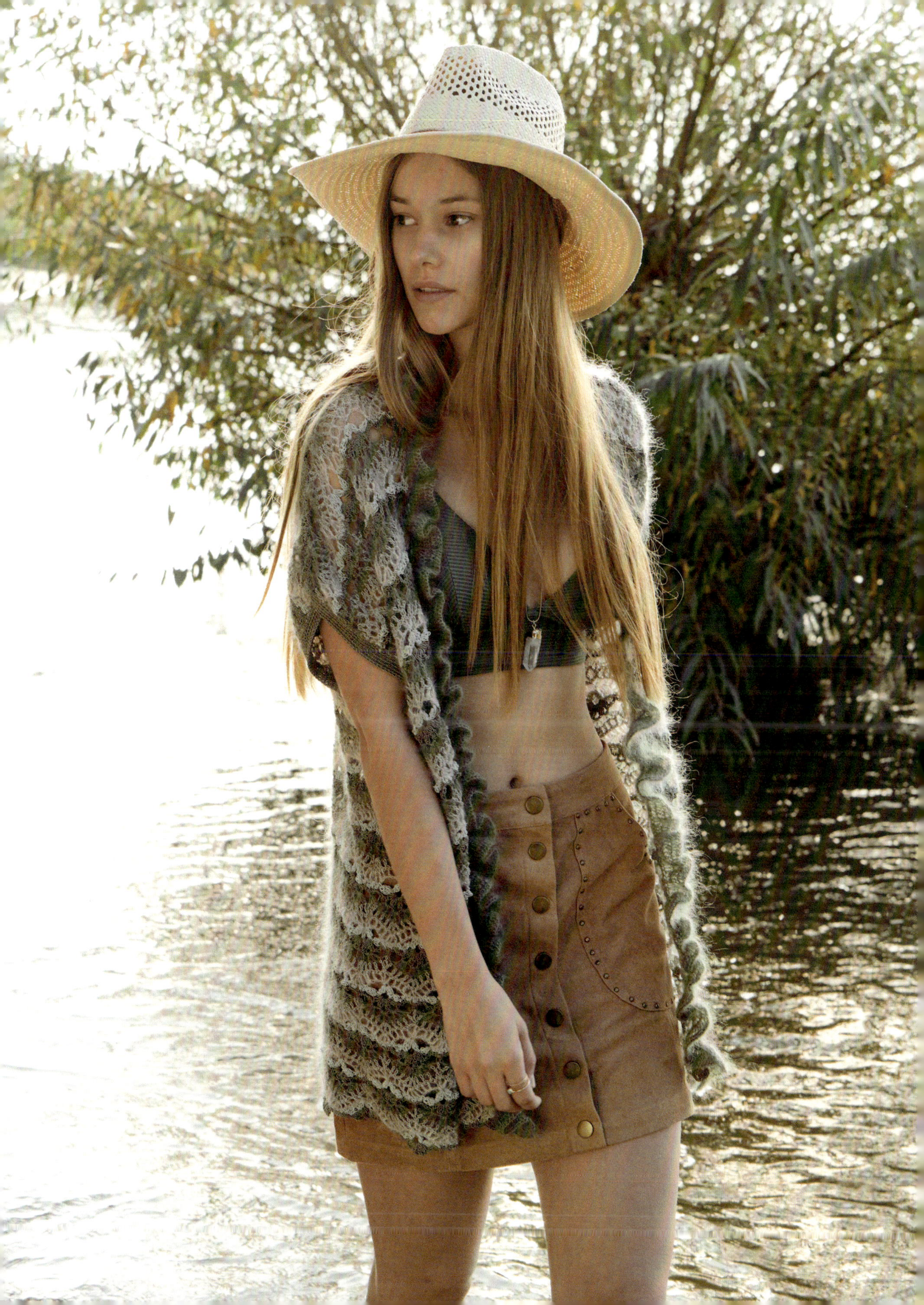

Weste

Garnmix & Rüsche

GRÖSSE

36–42 und 44–46
Die Angaben für die größere Größe stehen in Klammern. Steht nur eine Angabe, so gilt diese für beide Größen.

MATERIAL

Lana Grossa Capri (55 % Baumwolle, 30 % Polyamid, 15 % Seide, LL = 150 m/ 50 g); 150 (200) g Khaki (Farbe 19), 100 (150) g Grünbeige (Farbe 29) und 100 (150) g Steingrau (Farbe 11);
Lana Grossa Silkhair (70 % Mohair, 30 % Seide, LL = 210 m/25 g);
50 (75) g Resedagrün (Farbe 154);
Lana Grossa Silkhair Haze Mélange (70 % Mohair, 30 % Seide, LL = 210 m/25 g);
50 (75) g Graubeige meliert (Farbe 1317);
je 1 Häkelnadel 3,5 mm und 4 mm, Vernähnadel

MASCHENPROBE

Zackenmuster mit Büschelmaschen mit Häkelnadel 3,5 mm:
24 Maschen x 10 Reihen = 10 cm x 10 cm

MUSTER

Zackenmuster mit Büschelmaschen
Maschenzahl teilbar durch 16 plus 1 plus 1 Wendeluftmasche. Die Anzahl an Wendeluftmaschen variiert in den Reihen je nach Maschengröße. Nach Häkelschrift arbeiten. Es sind Hin- und Rückreihen gezeichnet. Die Maschen sind so dargestellt, wie sie gearbeitet werden. In den Hinreihen mit den M vor dem rechten Pfeil beginnen, den Rapport zwischen den Pfeilen stets wiederholen und mit den M nach dem linken Pfeil enden. In den Rückreihen die M entsprechend von links nach rechts lesen. In jeder R die Farbe beziehungsweise das Garn laut Häkelschrift wechseln und den nicht in Arbeit befindlichen Faden gleichmäßig gespannt seitlich hochführen, bis er wieder gebraucht wird. Die 1.–11. Reihe 1x arbeiten, dann die 2.–11. Reihe stets wiederholen.

Farb- und Garnfolge
* 1 R Capri Khaki, 1 R Silkhair Resedagrün, 1 R Capri Steingrau, 1 R Silkhair Haze Mélange Graubeige meliert, 1 R Capri Grünbeige, ab * stets wiederholen.

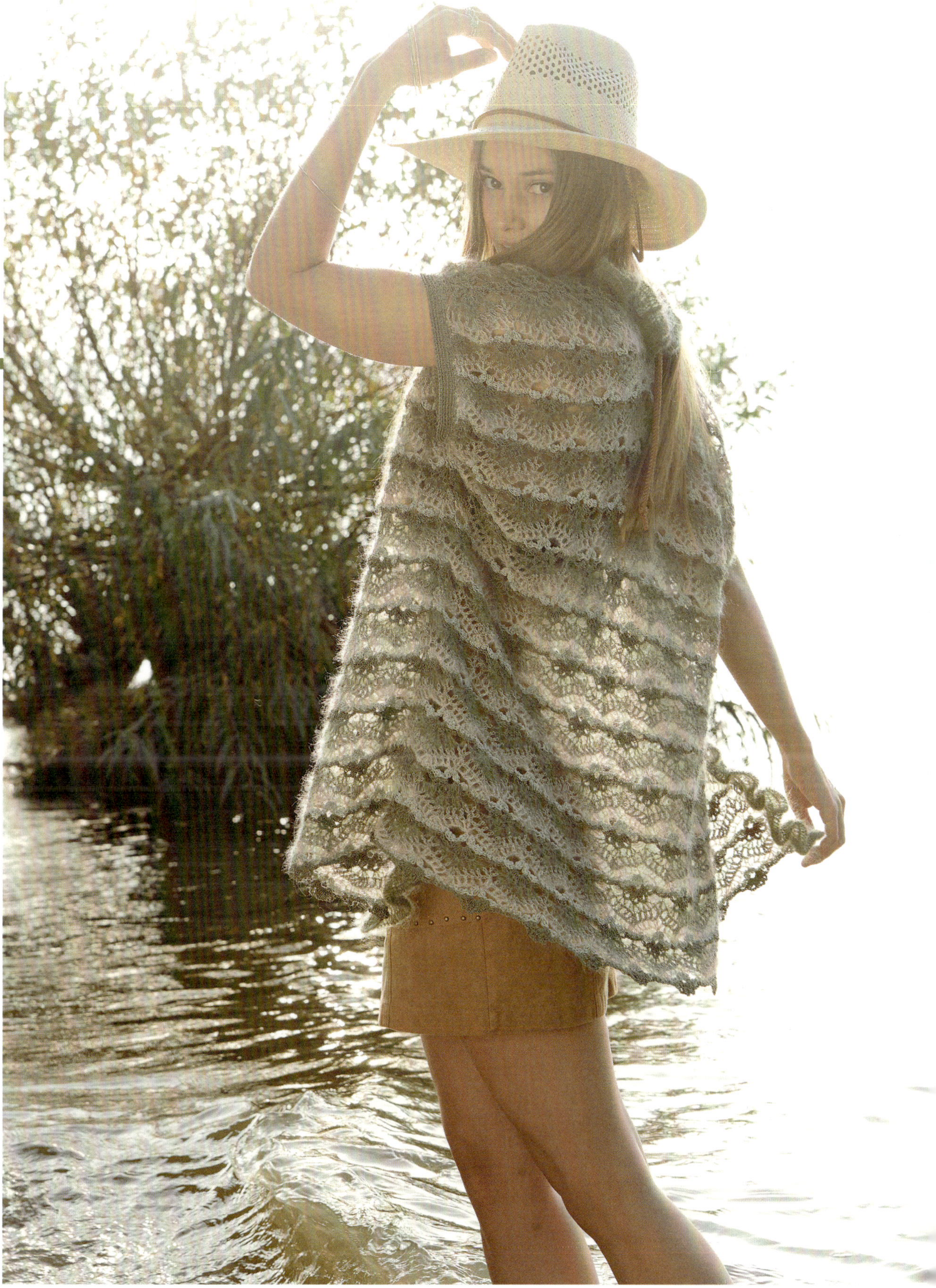

Häkelschrift

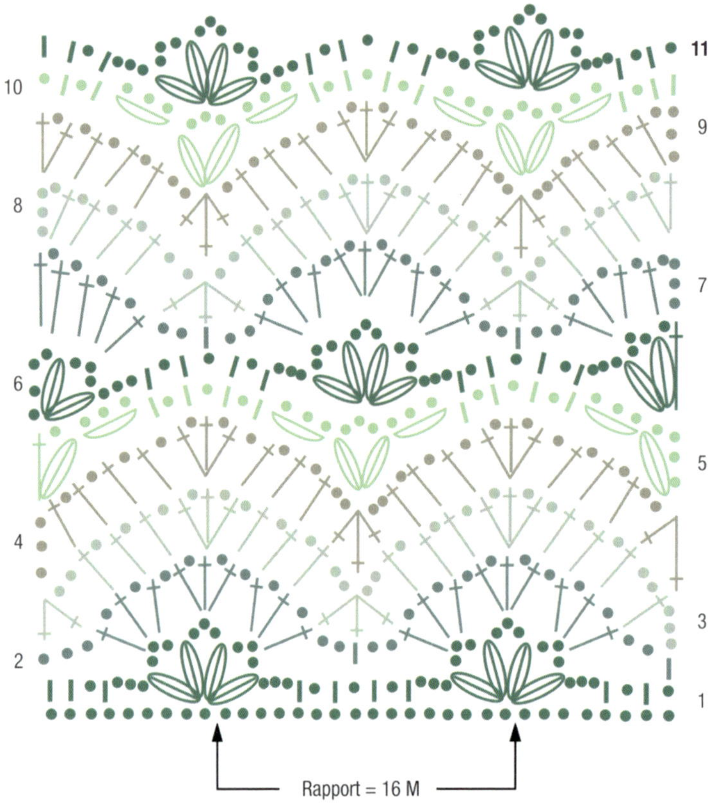

- = Capri Khaki
- = Silkhair Resedagrün
- = Capri Steingrau
- = Silkhair Haze Mélange Graubeige meliert
- = Capri Grünbeige

- • = 1 Luftmasche
- = 1 feste Masche
- = 1 Stäbchen
- = 2 zusammen abgemaschte Stäbchen
- = 3 zusammen abgemaschte Stäbchen
- = 3 Stäbchen in eine Einstichstelle
- = 3 zusammen abgemaschte Stäbchen in eine Einstichstelle
- = 3 Luftmaschen und 2 zusammen abgemaschte Stäbchen in eine Einstichstelle

Rüsche
Stäbchen häkeln, dabei jede R mit 3 Wendeluftmaschen als Ersatz für das 1. Stäbchen beginnen. Masche verdoppeln: In das Stäbchen der Vorreihe 2 Stäbchen häkeln.

SO WIRD'S GEMACHT

Das Rückenteil und beide Vorderteile werden an der Schulter begonnen und zum Saum hin gehäkelt! Der Vorteil dabei ist, dass durch das Muster ganz von selbst am Saum ein Zackenrand mit Büschelmaschen entsteht und du die Länge ganz nach deinem Wunsch bestimmen kannst. Der Pfeil in der Schnittzeichnung gibt die Häkelrichtung an.

Rückenteil
Das Rückenteil hat in der Mitte des Halsausschnitts einen kleinen Schlitz, deshalb wird es bis zum Schlitzende zunächst in 2 Hälften gehäkelt. 65 (81) Luftmaschen plus 1 Wendeluftmasche in Capri Khaki mit Häkelnadel 4 mm locker anschlagen. Mit Häkelnadel 3,5 mm im Zackenmuster mit Büschelmaschen nach Farb- und Garnfolge häkeln: gemäß Häkelschrift beginnen, 3 (4) x den Rapport wiederholen, gemäß Häkelschrift enden. Nach 6 cm Arbeit stilllegen. 2. Hälfte ebenso arbeiten. Nun über beide Hälften mustergemäß weiterhäkeln: gemäß Häkelschrift beginnen, 7 (9) x den Rapport wiederholen, gemäß

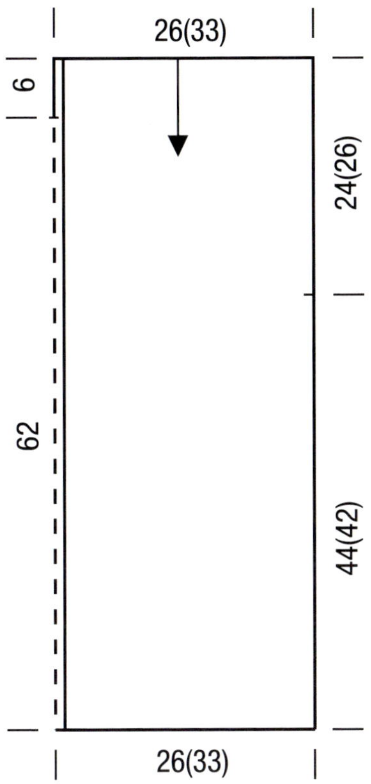

Rückenteil Hälfte
Linkes Vorderteil

Häkelschrift enden. In 68 cm Gesamthöhe mit der 6. oder 11. R Häkelschrift enden.

Linkes Vorderteil
65 (81) Luftmaschen + 1 Wendeluftmasche in Capri Khaki mit Häkelnadel 4 mm locker anschlagen. Mit Häkelnadel 3,5 mm im Zackenmuster mit Büschelmaschen nach Farb- und Garnfolge häkeln: gemäß Häkelschrift beginnen, 3 (4) x den Rapport wiederholen, gemäß Häkelschrift enden. In 68 cm Gesamthöhe mit der 6. oder 11. R Häkelschrift enden.

Rechtes Vorderteil
Wie linkes Vorderteil arbeiten.

Fertigstellen
Alle Fäden vernähen. Teile spannen, anfeuchten und trocknen lassen. Schulter- und Seitennähte schließen, dabei für die Armausschnitte beidseitig je 24 (26) cm offen lassen.
Die Armausschnitte in Capri Khaki mit Häkelnadel 3,5 mm von der Außenseite her mit festen M in Rd umhäkeln, dabei stets in das hintere M-Glied einstechen. Jede Rd mit 1 Wendeluftmasche beginnen und mit 1 Kettmasche in die Wendeluftmasche schließen. Rundenbeginn ist die Seitennaht. Nach 5 Rd Arbeit beenden.
Für die Rüsche Verschlussrand der Vorderteile und den Rückenschlitz in Silkhair Resedagrün mit Häkelnadel 3,5 mm mit 1 R feste M umhäkeln, dabei die Spannfäden am Rand mit einhäkeln. Danach mit Häkelnadel 4 mm wie folgt arbeiten: **1. R:** 3 Wendeluftmaschen, Stäbchen, dabei jede 2. M verdoppeln. **2. R:** 3 Wendeluftmaschen, Stäbchen, dabei jede 3. M verdoppeln. **3. R:** 3 Wendeluftmaschen, Stäbchen, dabei jede 4. M verdoppeln. Arbeit beenden.

Top

Der Sommer kann kommen! Das bauchfreie Fransentop aus einem matt glänzenden Leinengarn zeigt viel Haut und setzt einen Akzent durch die hübsche Ajourborte, die du nach einer Häkelschrift ganz einfach häkeln kannst. Superschön, auch als Accessoire über einem Shirt, Hemd oder Kleid getragen.

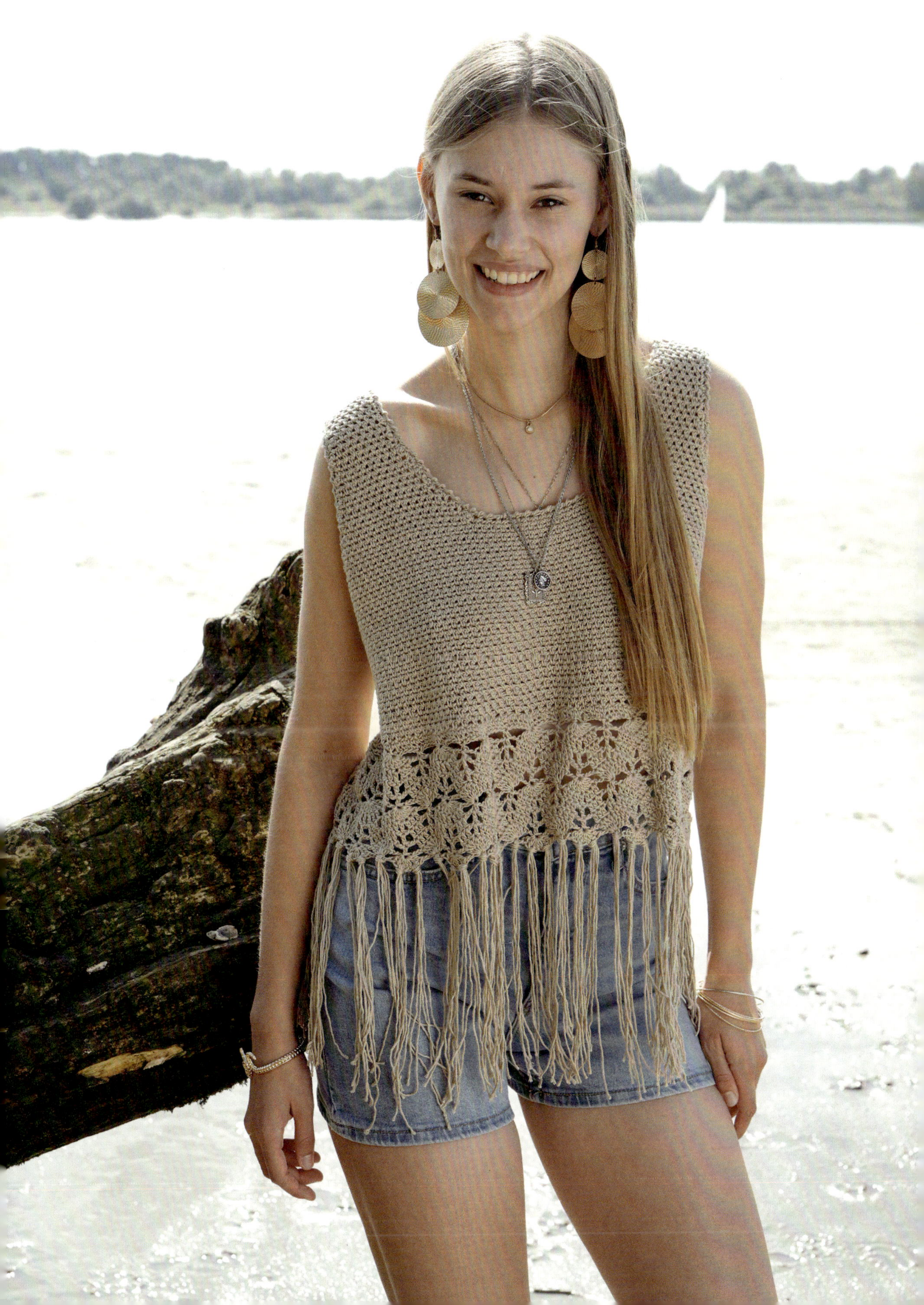

Top

Fransen & Ajourborte

GRÖSSE

36/38, 40/42 und 44

Die Angaben für die größeren Größen stehen hintereinander in Klammern. Steht nur eine Angabe, so gilt diese für alle Größen.

MATERIAL

Lana Grossa Solo Lino (80 % recyceltes Leinen (Viskose), 20 % Leinen, LL = 120 m/50 g); 300 (350/350) g Beige (Farbe 21); 1 Häkelnadel 3,5 mm und 4,5 mm; Vernähnadel

MASCHENPROBE

Passenmuster: 25 Maschen x 25 Reihen = 10 cm x 10 cm

Ajourborte: 23 Maschen x 9,5 Reihen = 10 cm x 10 cm

MUSTER

Passenmuster

Maschenzahl teilbar durch 2 plus 1 plus 1 Wendeluftmasche. Nach Häkelschrift 1 arbeiten. Es sind Hin- und Rückreihen gezeichnet. In den Hinreihen mit den M vor dem rechten Pfeil beginnen, den Rapport zwischen den Pfeilen stets wiederholen und mit den M nach dem linken Pfeil enden. In den Rückreihen die M entsprechend von links nach rechts lesen. Die 1.–4. R 1x arbeiten, dann die 3. und 4. R stets wiederholen.

Ajourborte

Maschenzahl teilbar durch 12 plus 1 Wendeluftmasche. Die Anzahl an Wendeluftmaschen variiert in den Runden je nach Maschengröße. Siehe Häkelschrift 2. Es ist jede Runde gezeichnet. In jeder Runde mit den M vor dem rechten Pfeil beginnen, den Rapport zwischen den Pfeilen stets wiederholen und mit den M nach dem linken Pfeil enden. Die 1.–5. Rd 1x arbeiten, dann die 2.–5. Rd 1x häkeln.

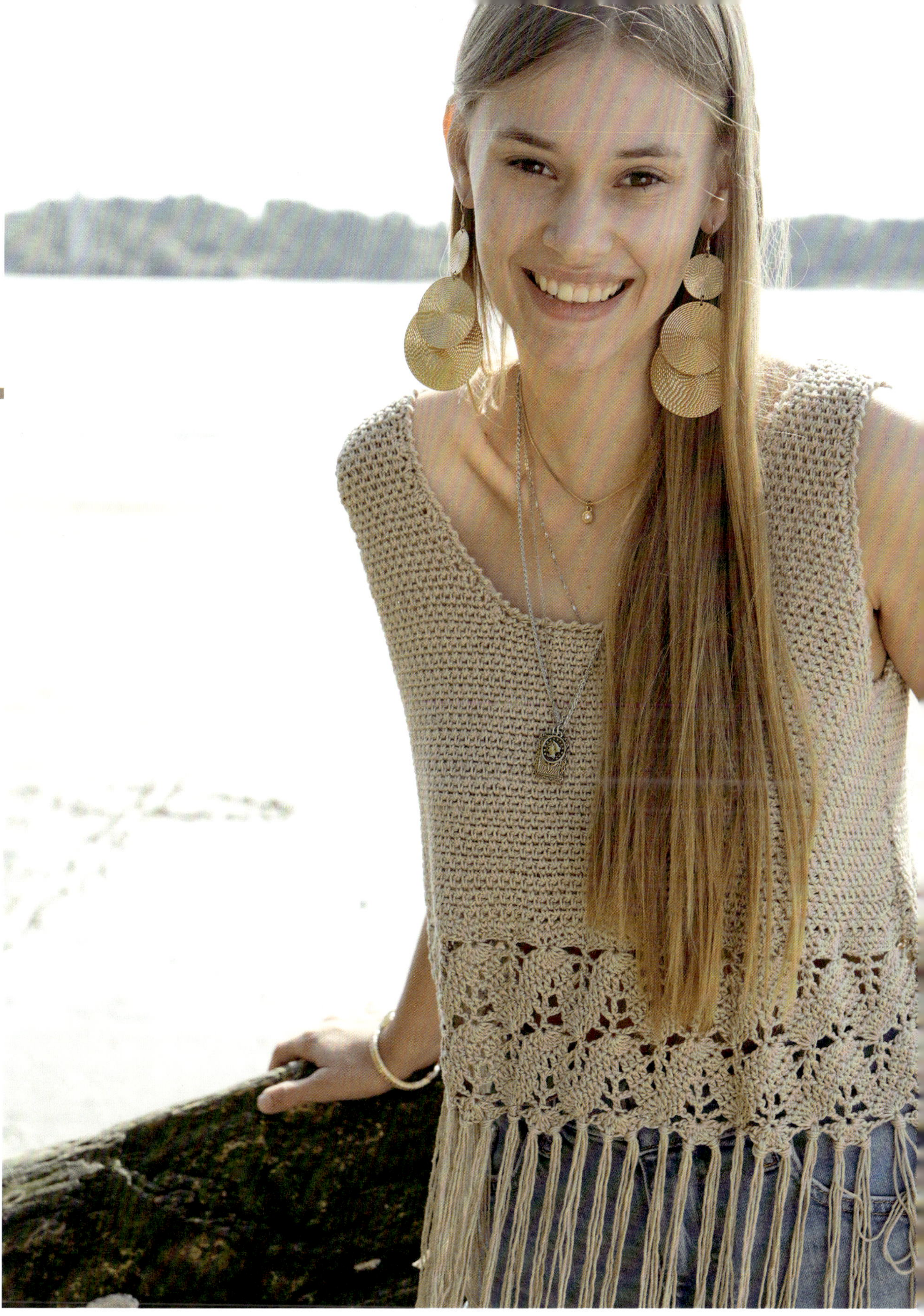

Häkelschrift 1

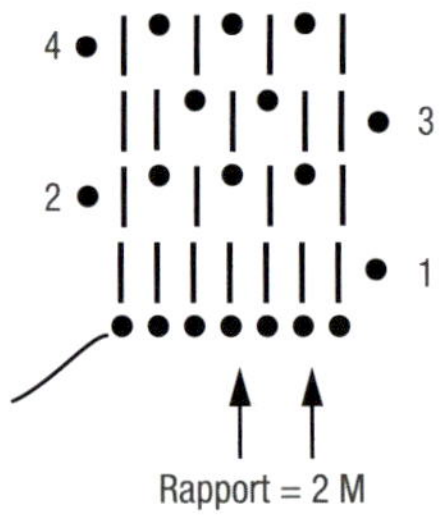

- • = 1 Luftmasche
- ᴖ = 1 Kettmasche
- I = 1 feste Masche
- † = 1 Stäbchen
- = 3 zusammen abgemaschte Stäbchen
- = 7 zusammen abgemaschte Stäbchen
- = 7 Stäbchen in eine Einstichstelle

Häkelschrift 2

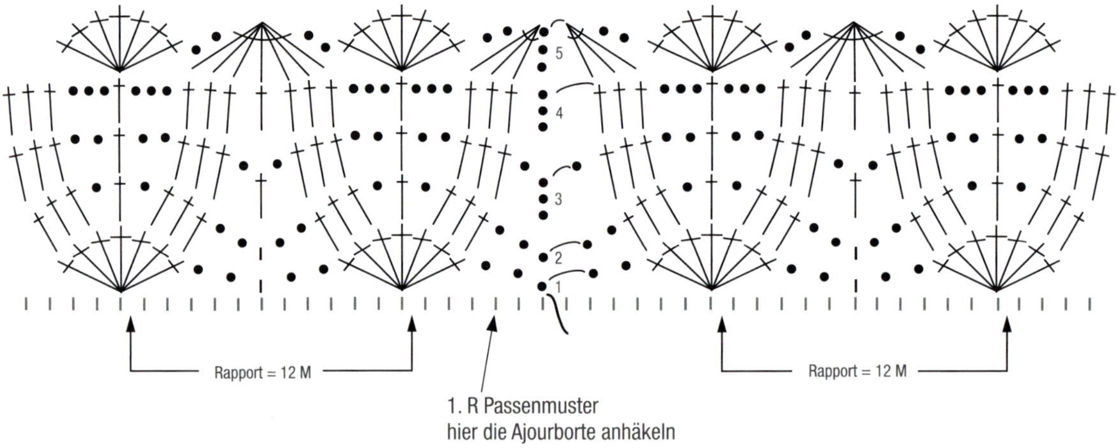

SO WIRD'S GEMACHT

Zuerst wird die Passe gehäkelt, dann wird die Ajourborte an das Passenteil angehäkelt. Die Pfeile in der Schnittzeichnung geben die Häkelrichtung an. Magst du das Top lieber ohne Ajourborte oder ist sie dir doch zu kompliziert, dann verlängere ganz einfach das Passenteil.

Rückenteil

121 (131/141) Luftmaschen plus 1 Wendeluftmasche mit Häkelnadel 3,5 mm anschlagen und gleich im Passenmuster häkeln: laut Häkelschrift 1 beginnen, den Rapport stets wiederholen, laut Häkelschrift 1 enden. Darauf achten, die Luftmaschen zwischen den festen M locker zu häkeln, damit sich die Arbeit nicht zusammenzieht. In 13 cm Gesamthöhe für die Armausschnitte 1 x 6 (8/10) M beidseitig unbearbeitet lassen, dann in jeder 2. R 5x 2 M, 4x 1 M und in jeder 4. R 3x 1 M (in jeder 2. R 6x 2 M, 5x 1 M und in jeder 4. R 3x 1 M / in jeder 2. R 7x 2 M, 6x 1 M und in jeder 4. R 3x 1 M) beidseitig abnehmen.
In 20 (21/22) cm Gesamthöhe für den Halsausschnitt die mittleren 33 M unbearbeitet lassen, dann in jeder 2. R 2x 2 M, 5x 1 M und in jeder 4. R 2x 1 M abnehmen = 10 M. In 32 (33/34) cm Gesamthöhe Arbeit beenden. Andere Halsausschnittseite gegengleich beenden.

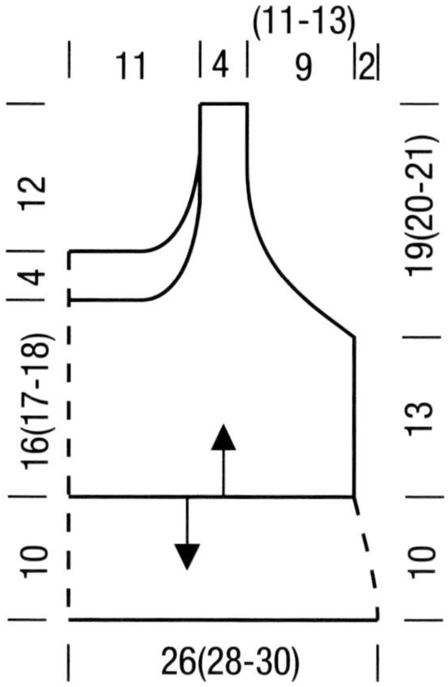

Rücken- und
Vorderteil Hälfte

Vorderteil
Wie das Rückenteil arbeiten, den Halsausschnitt jedoch bereits in 16 (17/18) cm Gesamthöhe beginnen.

Fertigstellung 1
Alle Fäden vernähen. Teile spannen, anfeuchten und trocknen lassen. Schulter- und Seitennähte schließen. Den Halsausschnitt und die Ränder der Armausschnitte mit Häkelnadel 3,5 mm mit 1 Rd feste M und 1 Rd Krebsmaschen (= feste M von links nach rechts) umhäkeln. Darauf achten, dass in der 1. Rd mit festen M die Arbeit nicht ausgedehnt wird.

Ajourborte
Jetzt wird die Ajourborte in Rd an den unteren Rand von Rücken- und Vorderteil angehäkelt.
HINWEIS: Die Pfeile in der Schnittzeichnung geben die Häkelrichtung an.
An der linken Seitennaht den Faden anschlingen und bei Rücken- und Vorderteil den Rapport je 10 (11 /12) x wiederholen, dabei in Rücken- und Vorderteil je 1 feste M des Passenmusters übergehen bzw. unbearbeitet lassen = je Rücken- und Vorderteil 1 abgenommene M (1x anstelle 5 feste M des Passenmusters übergehen nur 4 M übergehen = je Rücken- und Vorderteil 1 zugenommene M / 3x anstelle 5 feste M des Passenmusters übergehen nur 4 M übergehen = je Rücken- und Vorderteil 3 zugenommene M) = insgesamt 240 (264/288) M.
Es wird über insgesamt 20 (22/24) Rapporte in Rd gehäkelt. Nach ca. 10 cm = 1x die 1.–5. Rd, dann 1x die 2.–5. Rd Arbeit beenden.

Fertigstellung 2
Alle Fäden vernähen. Für die Fransen Fäden von ca. 42 cm Länge zuschneiden. Jeweils 3 Fäden zur Hälfte legen und in den unteren Rand des Tops in regelmäßigen Abständen mit Hilfe der Häkelnadel 4,5 mm einknüpfen.

Poncho

Ein toller Effekt! Das Zackenmuster im Garnmix und in verschiedenen Gelbtönen wird hier neu interpretiert. Obwohl wie ein breiter Schal geradeaus gehäkelt, entsteht durch den Garnwechsel keine Langeweile. Zum Schluss noch an einer Seite zusammennähen und fertig ist der Poncho.

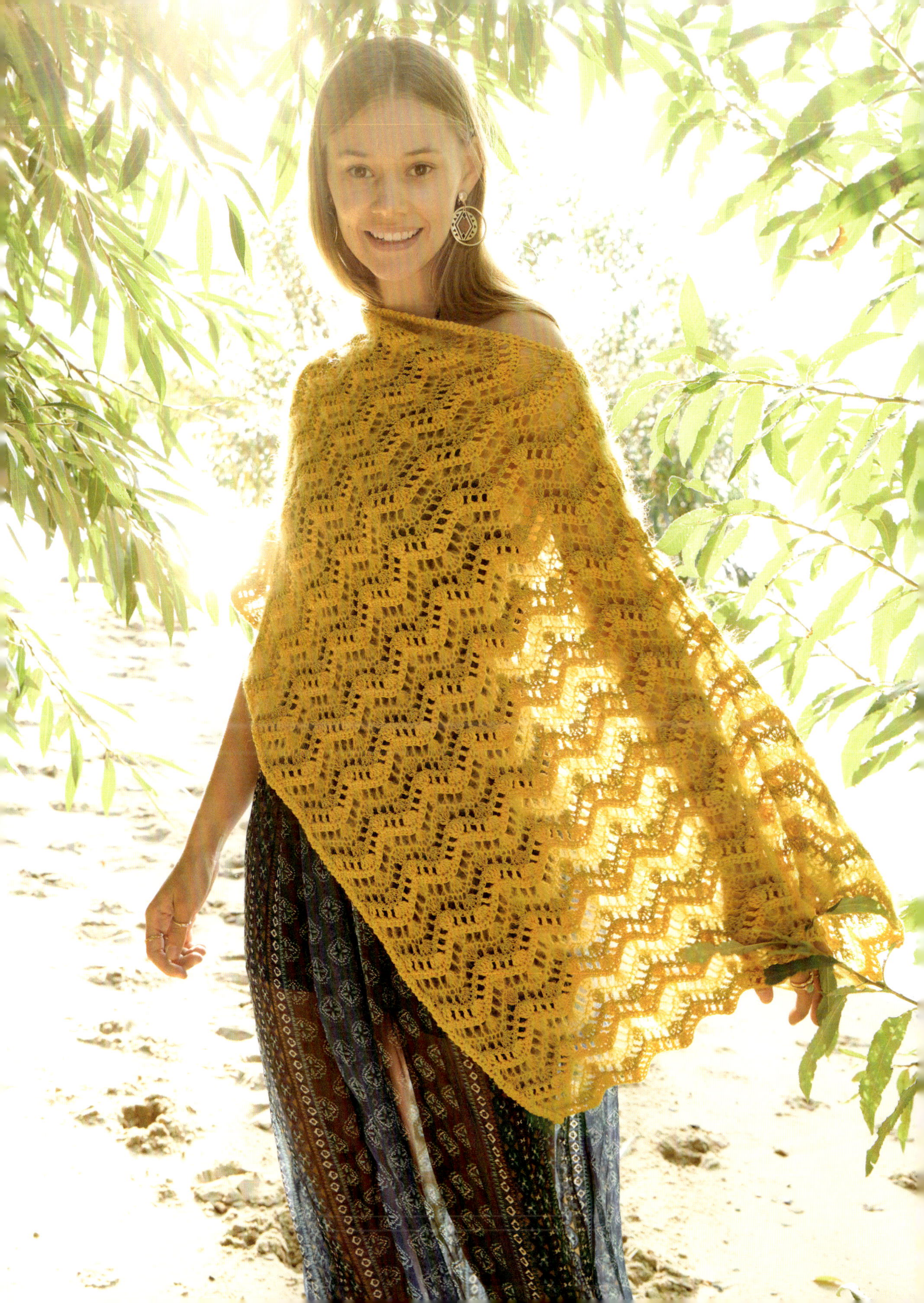

Poncho

Zackenlochmuster

GRÖSSE
36–40 und 42–46
Die Angaben für die größere Größe stehen in Klammern. Steht nur eine Angabe, so gilt diese für beide Größen.

MATERIAL
Lana Grossa Capri (55 % Baumwolle, 30 % Polyamid, 15 % Seide, LL = 150 m/50 g): 150 (200) g Senfgelb (Farbe 22); Lana Grossa Silkhair (70 % Mohair, 30 % Seide, LL = 210 m/25 g), 50 (75) g Curry (Farbe 160) und Lana Grossa Cotone (100 % Baumwolle, LL 125 m/50 g), 250 g Goldgelb (Farbe 38); 1 Häkelnadel 4 mm; Vernähnadel

MASCHENPROBE
22 Maschen x 10 Reihen = 10 cm x 10 cm

MUSTER
Zackenmuster
Maschenzahl teilbar durch 16 plus 1 plus 3 Wendeluftmaschen. Die Anzahl an Wendeluftmaschen variiert in den Reihen je nach Maschengröße. Nach Häkelschrift arbeiten. Es sind Hin- und Rückreihen gezeichnet. Die Maschen sind so dargestellt, wie sie gearbeitet werden. In den Hinreihen mit den M vor dem rechten Pfeil beginnen, den Rapport zwischen den Pfeilen stets wiederholen und mit den M nach dem linken Pfeil enden. In den Rückreihen die M entsprechend von links nach rechts lesen. In jeder Hinreihe das Garn laut Häkelschrift wechseln und den nicht in Arbeit befindlichen Faden gleichmäßig gespannt seitlich hochführen, bis er wieder gebraucht wird. Zum Schluss werden die Seitenränder mit 1 R festen M und 1 R Krebsmaschen umhäkelt, dabei werden die seitlichen Spannfäden mit eingehäkelt und sind somit nicht mehr sichtbar.
Die 1.–7. Reihe 1x arbeiten, dann die 2.–7. Reihe stets wiederholen.

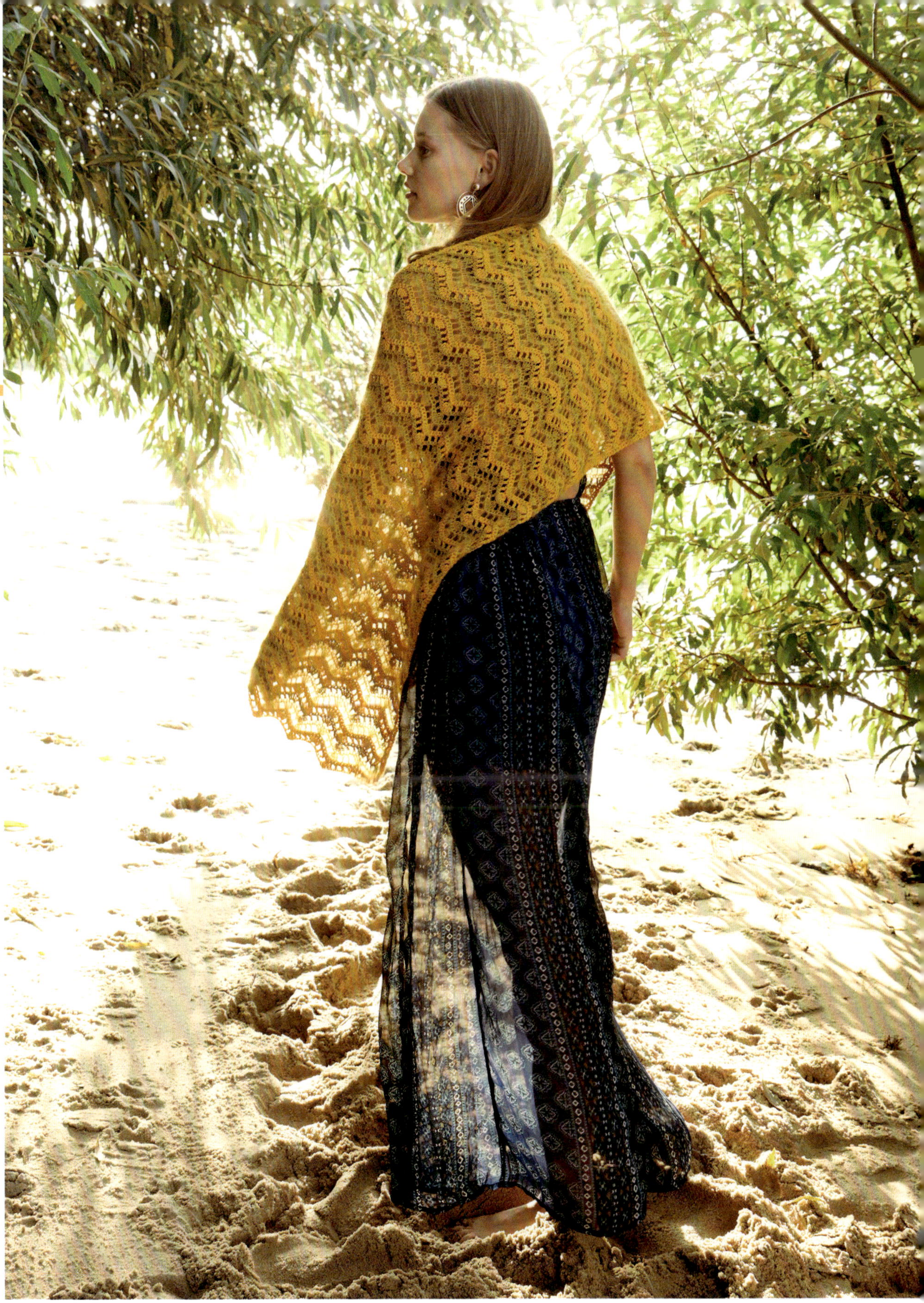

Häkelschrift

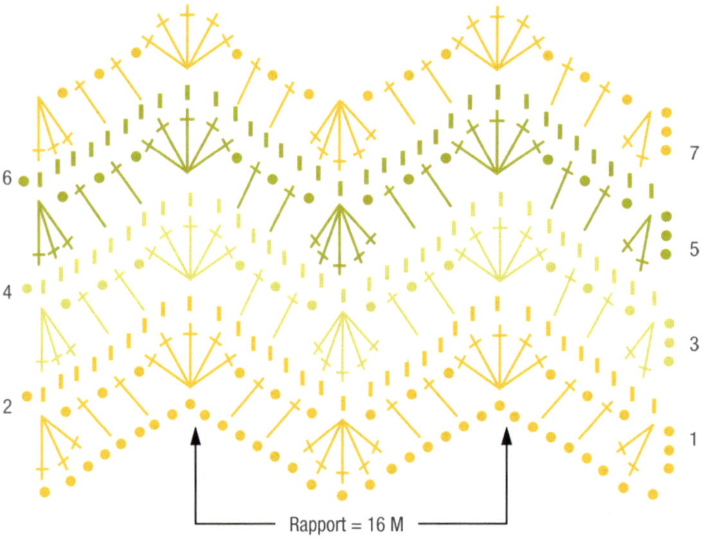

- = Cotone
- = Silkhair
- = Capri

- = 1 Luftmasche
- = 1 feste Masche
- = 1 Stäbchen
- = 2 zusammen abgemaschte Stäbchen
- = 3 zusammen abgemaschte Stäbchen
- = 5 zusammen abgemaschte Stäbchen
- = 5 Stäbchen in eine Einstichstelle

Garnfolge
* 2 R Cotone, 2 R Silkhair, 2 R Capri, ab * stets wiederholen.

SO WIRD'S GEMACHT

Den Poncho wie einen sehr breiten Schal in einem Stück von einer schmalen Seite zur anderen häkeln. Der Pfeil in der Schnittzeichnung gibt die Häkelrichtung an.
113 (129) Luftmaschen plus 3 Wendeluftmaschen in Cotone anschlagen. Im Zackenmuster und nach Garnfolge häkeln: Laut Häkelschrift beginnen, 6 (7) x den Rapport wiederholen, laut Häkelschrift enden. In ca. 160 (172) cm Gesamthöhe die Arbeit mit der 7. R in Cotone beenden.

Fertigstellung
Alle Fäden vernähen. Das fertige Teil spannen, dabei besonders die Zacken am Anfang und Ende herausformen und feststecken. Alles anfeuchten und trocknen lassen. Teil mit der rechten Seite nach außen zur Hälfte legen, siehe Schnittskizze, die 1. R und die letzte R liegen nun aufeinander. Ab Bruch an der Längsseite, an der die seitlichen Spannfäden liegen, 28 cm für den Halsausschnitt offen lassen, die restl. 52 (58) cm schließen. Poncho auf links drehen, die geschlossene Naht ist nun sichtbar. Den Halsausschnitt mit Häkelnadel 4 mm in Cotone mit 1 Rd feste M und 1 Rd Krebsmaschen (= feste M von links nach rechts) umhäkeln, dabei in der 1. Rd die seitlichen Fäden in die festen M einhäkeln. Den gegenüber liegenden offenen Seitenrand, = 160 (172) cm, wie den Halsausschnitt, jedoch in R behäkeln. Poncho wenden.

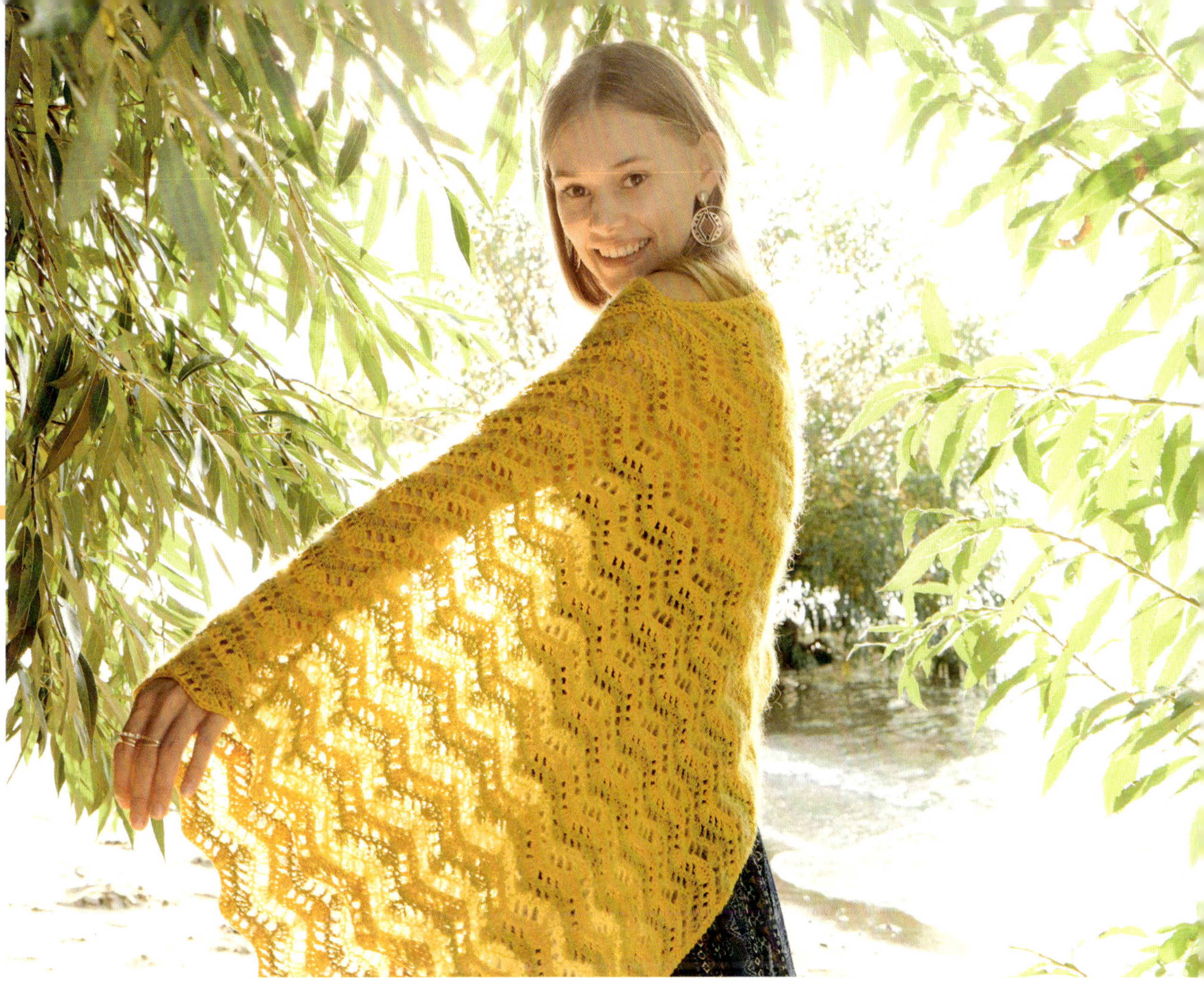

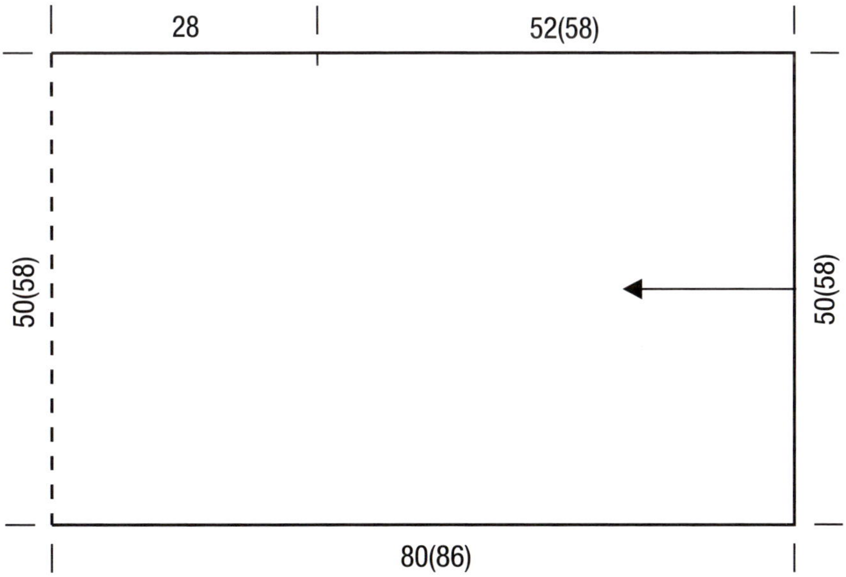

Poncho Hälfte

Dreiecks-tuch

Bunte Granny Squares reihen sich zu einem hippen Dreieckstuch. Zuerst werden die einzelnen Quadrate in verschiedenen Farbzusammenstellungen nach Häkelschrift in Runden gehäkelt und dann laut Schemazeichnung mit Kettmaschen aneinander gehäkelt. Zum Schluss noch lange Fransen einknüpfen, fertig!

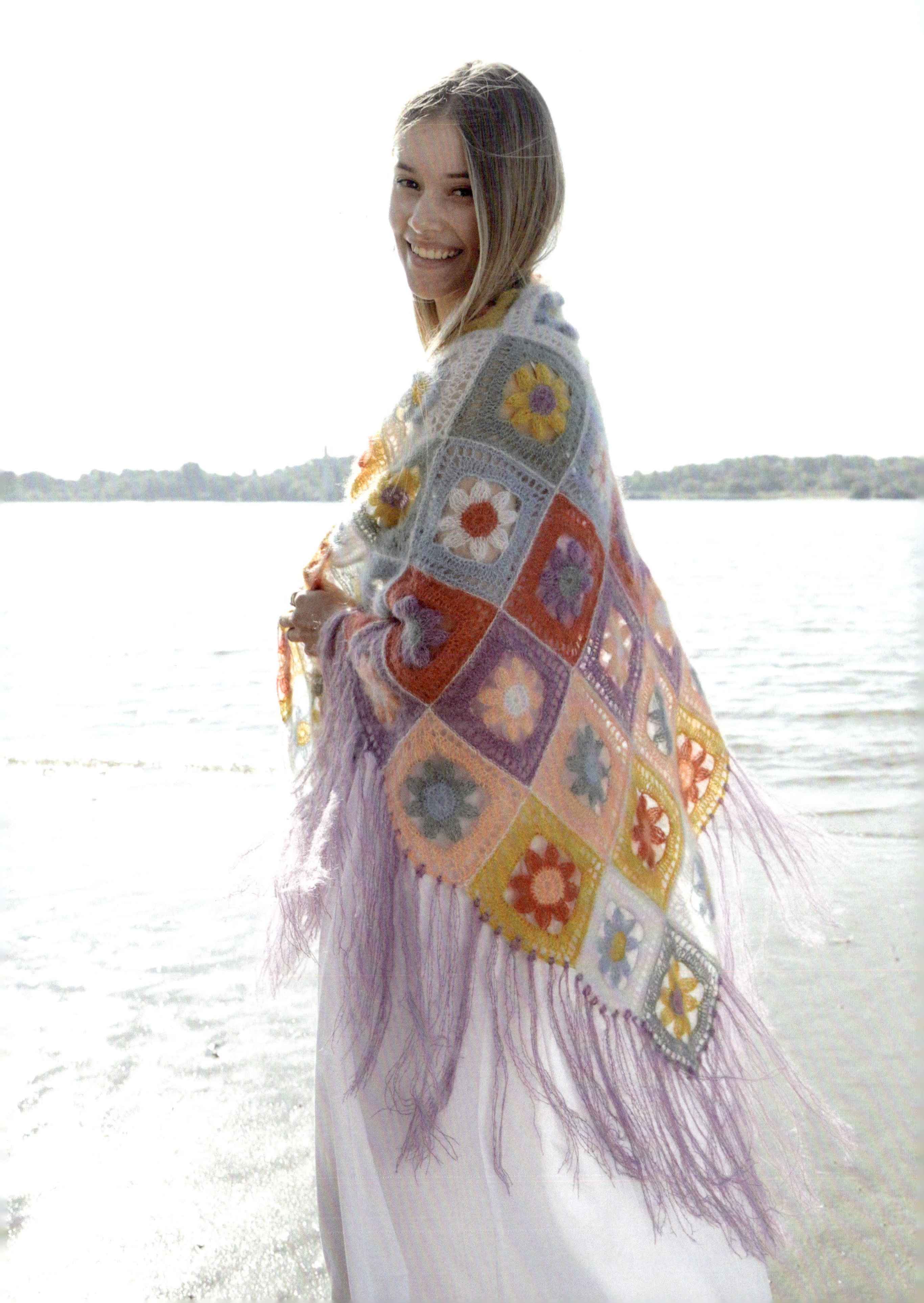

Dreieckstuch

Kunterbunte Granny Squares

GRÖSSE
85 x 160 cm, Höhe x Breite

MATERIAL
Lana Grossa Silkhair (70 % Mohair, 30 % Seide, LL = 210 m/25 g); 50 g Lavendel (Farbe 163), 50 g Ziegelrot (Farbe 164), 50 g Perlweiß (Farbe 58), 25 g Graugrün (Farbe 105), 25 g Curry (Farbe 160), 25 g Hellblau (Farbe 42) und 25 g Lachs (Farbe 159); 1 Häkelnadel 3,5 mm; Vernähnadel

MASCHENPROBE
Granny Square 7 Rd = 13 cm x 13 cm im Quadrat, Diagonale = 17 cm

MUSTER
Granny Square
Nach Häkelschrift 1 arbeiten.
5 Luftmaschen anschlagen und mit 1 Kettmasche in die 1. M zum Ring schließen. Die 1.–7. Rd in der entsprechenden Farbfolge 1 x arbeiten.

Granny A (9 x): 1. und 2. Rd Lavendel (Farbe 163), 3. Rd Curry (Farbe 160), 4.–7. Rd Graugrün (Farbe 105).

Granny B (11 x): 1. und 2. Rd Curry (Farbe 160), 3. Rd Hellblau (Farbe 42), 4.–7. Rd Perlweiß (Farbe 58).

Granny C (3 x): 1. und 2. Rd Lachs (Farbe 159), 3. Rd Ziegelrot (Farbe 164), 4.–7. Rd Curry (Farbe 160).

Granny D (4 x): 1. und 2. Rd Hellblau (Farbe 42), 3. Rd Graugrün (Farbe 105), 4.–7. Rd Lachs (Farbe 159).

Granny E (5 x): 1. und 2. Rd Perlweiß (Farbe 58), 3. Rd Lachs (Farbe 159), 4.–7. Rd Lavendel (Farbe 163).

Granny F (6 x): 1. und 2. Rd Graugrün (Farbe 105), 3. Rd Lavendel (Farbe 163), 4.–7. Rd Ziegelrot (Farbe 164).

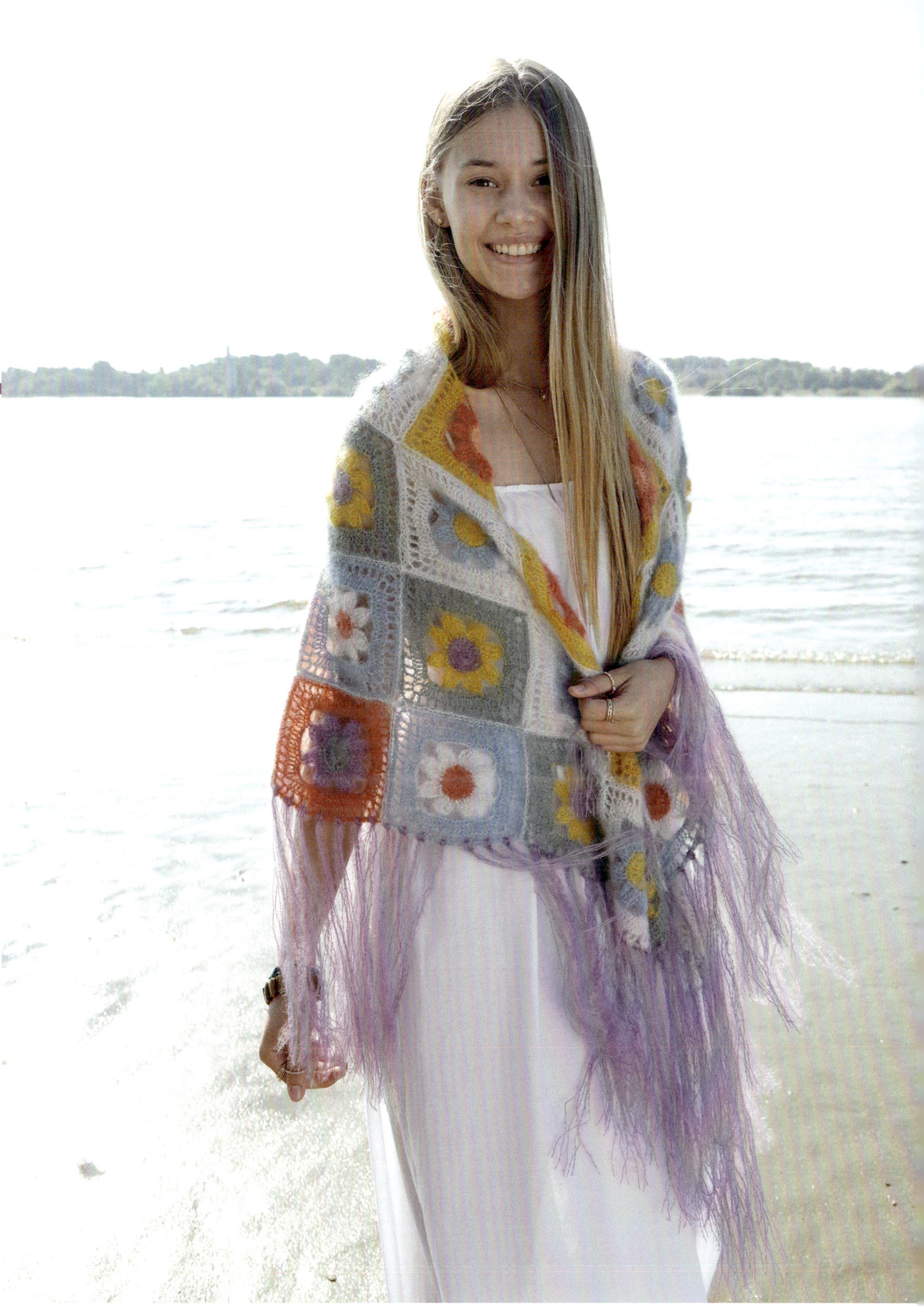

Häkelschrift 1

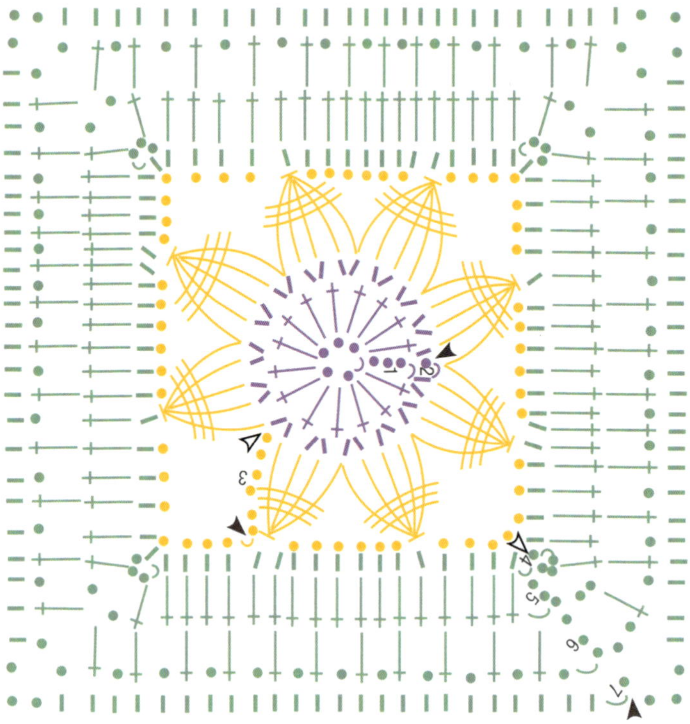

- = 1. Farbe
- = 2. Farbe
- = 3. Farbe

- = 1 Luftmasche
- = 1 Kettmasche
- = 1 feste Masche
- = 1 Stäbchen
- = 1 dreifaches Stäbchen
- = 5 zusammen abgemaschte dreifache Stäbchen
- = für den Farbwechsel Faden abschneiden
- = für den Farbwechsel Faden neu anschlingen

Granny G (7 x): 1. und 2. Rd Ziegelrot (Farbe 164), 3. Rd Perlweiß (Farbe 58), 4.–7. Rd Hellblau (Farbe 42).

Halbe Granny-Square (8 x)
Siehe Häkelschrift 2. Die 1. und 2. R in Lachs (Farbe 159), 3. R Ziegelrot (Farbe 164), 4.–7. R Curry (Farbe 160).

SO WIRD'S GEMACHT

Granny Squares A–G und die halben Granny Squares mit Häkelnadel 3,5 mm in entsprechender Farbfolge und Stückzahl anfertigen.
TIPP: Den Anfangsfaden gleich in der 1. Rd mit einhäkeln, somit muss er nachher nicht vernäht werden.

Fertigstellung
Alle Fäden vernähen. Granny Squares 13 cm x 13 cm, halbe Granny Squares 13 cm x 13 cm, Diagonale = 17 cm spannen, anfeuchten und trocknen lassen. Nach Farben sortieren. Laut Schnitt die Granny Squares von der Außenseite her in Perlweiß mit Kettmaschen aneinanderhäkeln, dabei stets in das sich gegenüberliegende halbe Maschen-Glied einstechen.
HINWEIS: Nicht zu fest arbeiten, damit die gehäkelte Naht nicht zusammenzieht. Dreieckstuch spannen, anfeuchten und trocknen lassen. Für die Fransen in Lavendel Farbe 163 Fäden von je 52 cm Länge zuschneiden. Je 3 Fäden zur Hälfte legen und mit Hilfe der Häkelnadel in die Schrägen des Dreieckstuchs als Fransen einknüpfen. Fertige Fransenlänge = 25 cm.

Häkelschrift 2

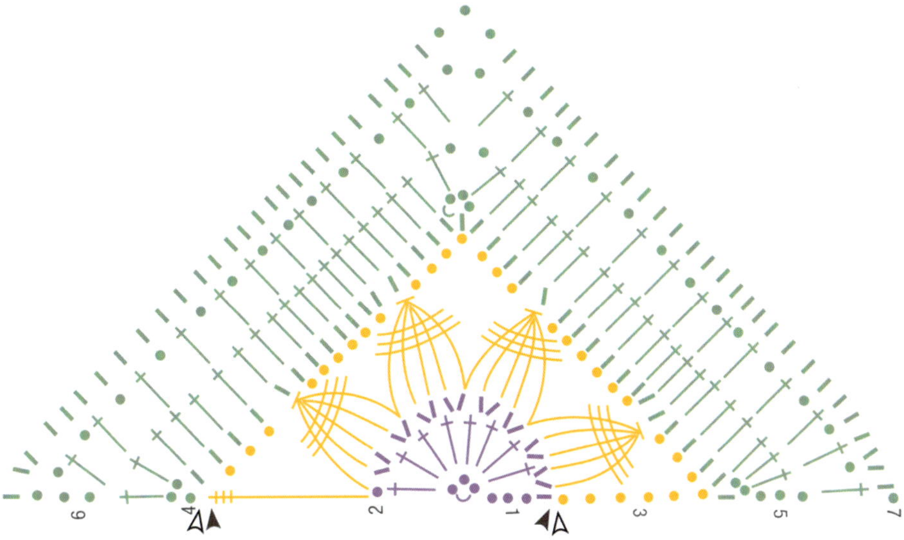

Dreieckstuch

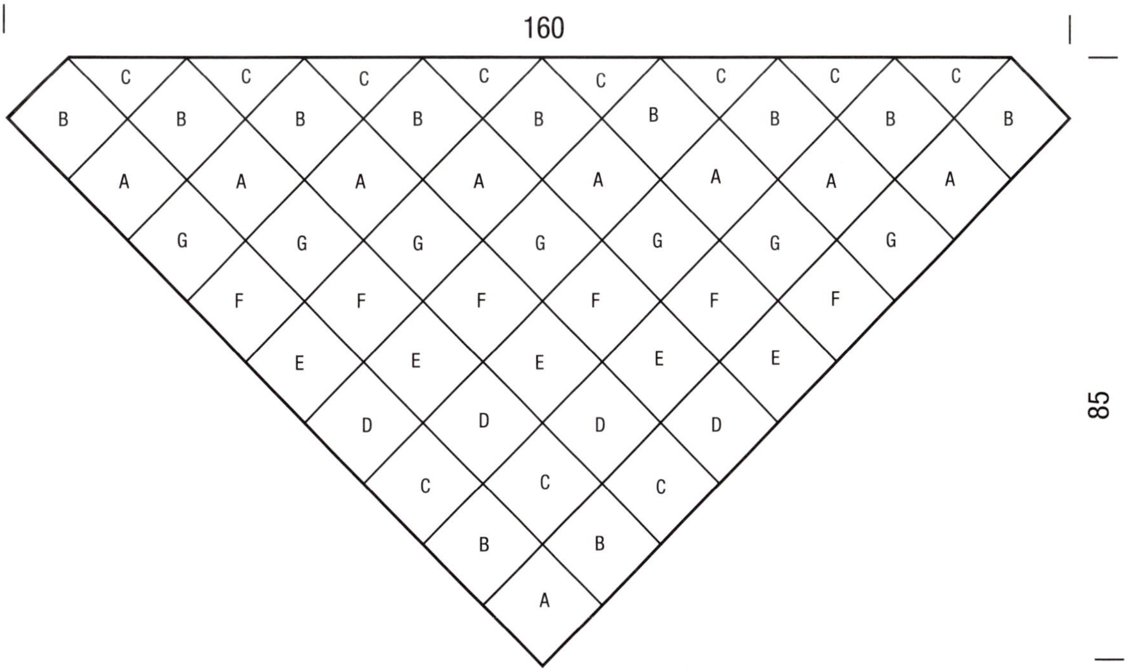

Jacke

Gerade Schnittführung, einfaches Häkelmuster mit Stäbchen und Luftmaschen und dann noch alles in einem Stück gehäkelt – diese Jacke in der Trendfarbe Zimt ist ein Must-Have für alle, die es unkompliziert mögen.

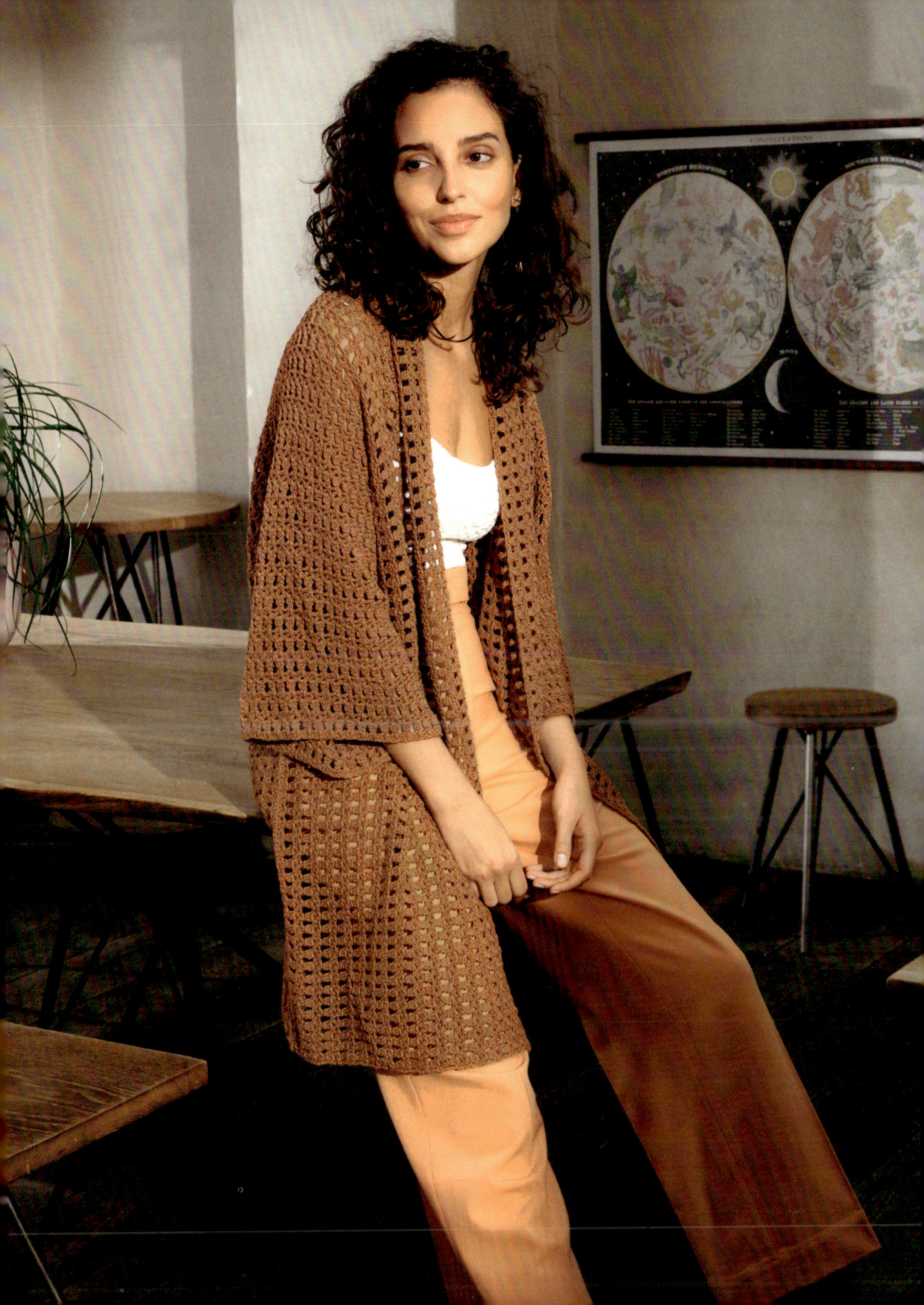

Jacke

Kimonoschnitt

GRÖSSE
36/38, 40/42 und 44
Die Angaben für die größeren Größen stehen hintereinander in Klammern. Steht nur eine Angabe, so gilt diese für alle Größen.

MATERIAL
Lana Grossa Solo Lino (80 % recyceltes Leinen (Viskose), 20 % Leinen, LL = 120 m/50 g), 1000 (1050/1100) g Zimt (Farbe 26); 1 Häkelnadel 3,5 mm; Vernähnadel

MASCHENPROBE
21 Maschen x 9,5 Reihen = 10 cm x 10 cm

MUSTER
Lochmuster
Maschenzahl teilbar durch 3 + 1 + 3 Wendeluftmaschen. Nach Häkelschrift arbeiten.
Es sind Hin- und Rückreihen gezeichnet.
Die Maschen sind so dargestellt, wie sie gearbeitet werden. In den Hinreihen mit den M vor dem rechten Pfeil beginnen, den Rapport zwischen den Pfeilen stets wiederholen und mit den M nach dem linken Pfeil enden.
In den Rückreihen die M entsprechend von links nach rechts lesen.
Die 1.–3. R 1x arbeiten, dann die 2. und 3. R stets wiederholen.

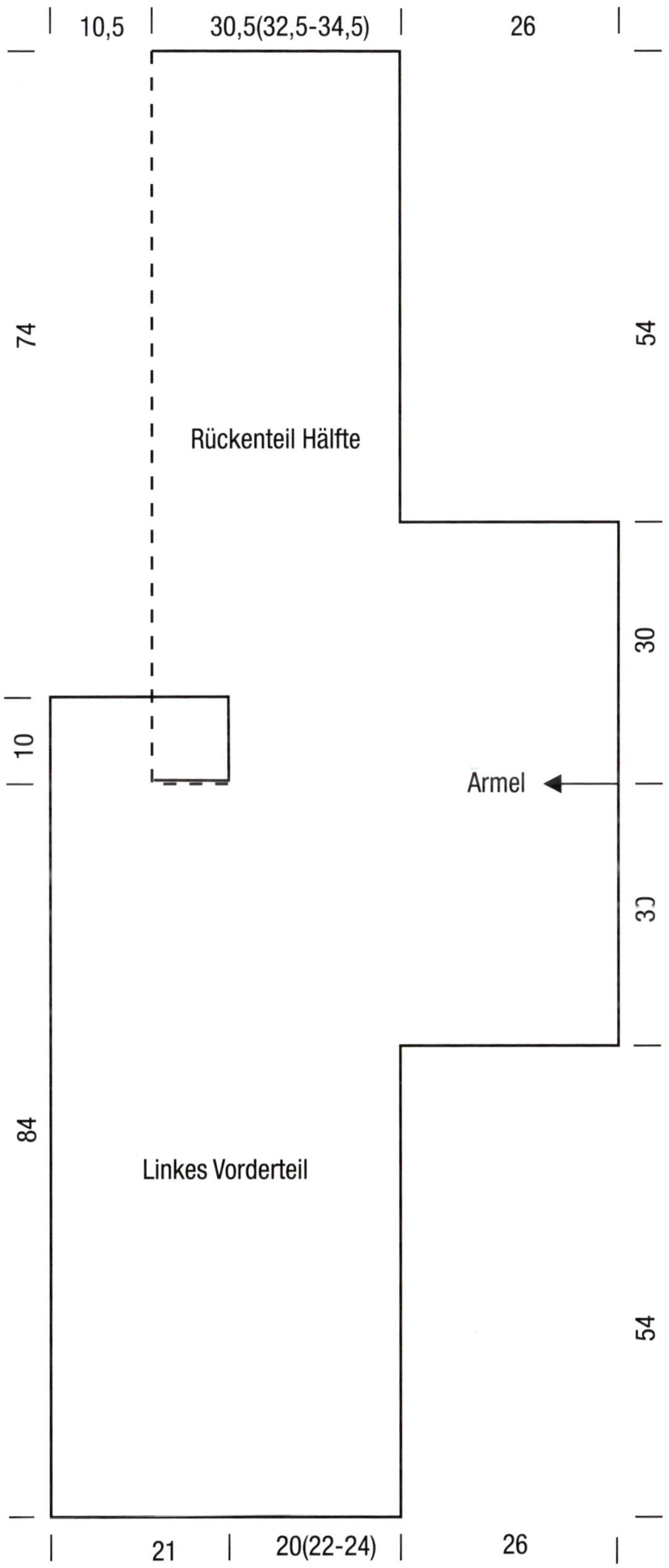

10,5
30,5(32,5-34,5)
26
74
54
Rückenteil Hälfte
30
10
Armel
30
84
Linkes Vorderteil
54
21
20(22-24)
26

Häkelschrift

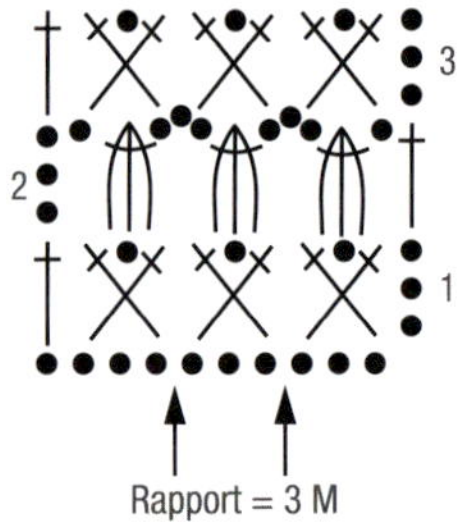

• = 1 Luftmasche

= 1 Stäbchen

= 2 gekreuzte Stäbchen und 1 Luftmasche: **1. R:** 1 Stäbchen in die folgende 3. Luftmasche, 1 Luftmasche, 1 Stäbchen zurück in die 1. Luftmasche. **3. R:** 1 Stäbchen in den folgenden 2. Luftmaschen-Bogen, 1 Luftmasche, 1 Stäbchen zurück in den 1. Luftmaschen-Bogen.

= 3 zusammen abgemaschte Stäbchen um die Luftmasche der Vor-Reihe

SO WIRD'S GEMACHT

Das Rückenteil, das linke und rechte Vorderteil sowie die Ärmel werden in einem Stück und quer gehäkelt. Der Pfeil in der Schnittzeichnung gibt die Häkelrichtung an. Man beginnt am linken Ärmel. 127 Luftmaschen plus 3 Wendeluftmaschen mit Häkelnadel 3,5 mm anschlagen und im Lochmuster häkeln: laut Häkelschrift beginnen, 40x den Rapport wiederholen, laut Häkelschrift enden = insgesamt 42 Rapporte. In 26 cm Gesamthöhe, = 24 R, für das Rückenteil mit einem separaten Faden 114 Luftmaschen anschlagen, die 127 M Ärmel häkeln und für das linke Vorderteil 114 Luftmaschen anschlagen = insgesamt 355 M. Über alle M geradeaus weiterarbeiten und die zugenommenen M in das Lochmuster einfügen = 118 Rapporte. In 46 (48/50) cm Gesamthöhe für den Halsausschnitt die Arbeit in der Mitte teilen = je 59 Rapporte. In der folgenden Rückreihe zunächst das linke Vorderteil über die 59 Rapporte weiterarbeiten und an der Teilungsstelle mit einem separaten Faden 21 Luftmaschen für den Kragen dazu anschlagen, = insgesamt 66 Rapporte. Das linke Vorderteil über 66 Rapporte noch 21 cm ab Teilungsstelle geradeaus weiterhäkeln. Nach einer 3. R Lochmuster die Arbeit beenden. Nun über die 59 Rapporte des Rückenteils geradeaus weiterhäkeln. Nach 21 cm ab der Teilungsstelle Faden abschneiden. Für das rechte Vorderteil 199 Luftmaschen plus 3 Wendeluftmaschen mit Häkelnadel 3,5 mm anschlagen und im Lochmuster wie folgt häkeln: 66 x den Rapport wiederholen, laut Häkelschrift enden. In 21 cm Gesamthöhe für den Kragen am rechten Rand 1 x 21 M, = 7 Rapporte, unbearbeitet lassen. Mit dem Rückenteil weiterarbeiten und das rechte Vorderteil mit dazu nehmen, dabei den 1.–7. Rapport übergehen, = Kragen, und erst vom 8.–66. Rapport häkeln, = 59 Rapporte, für das rechte Vorderteil. Nach 41 (43/45) cm rechtes Vorderteil Faden abschneiden. Für den rechten Ärmel beidseitig je 38 Rapporte unbearbeitet lassen und über die mittleren 42 Rapporte im Lochmuster weiterhäkeln. Nach 26 cm Ärmellänge mit einer 3. R Lochmuster Arbeit beenden.

Fertigstellung

Alle Fäden vernähen. Die Jacke spannen, anfeuchten und trocknen lassen. Die Kragenschmalseiten des rechten und linken Vorderteils, = 21 cm, miteinander verbinden. Kragen in den rückwärtigen Halsausschnitt einnähen. Seiten- und Ärmelnähte schließen.

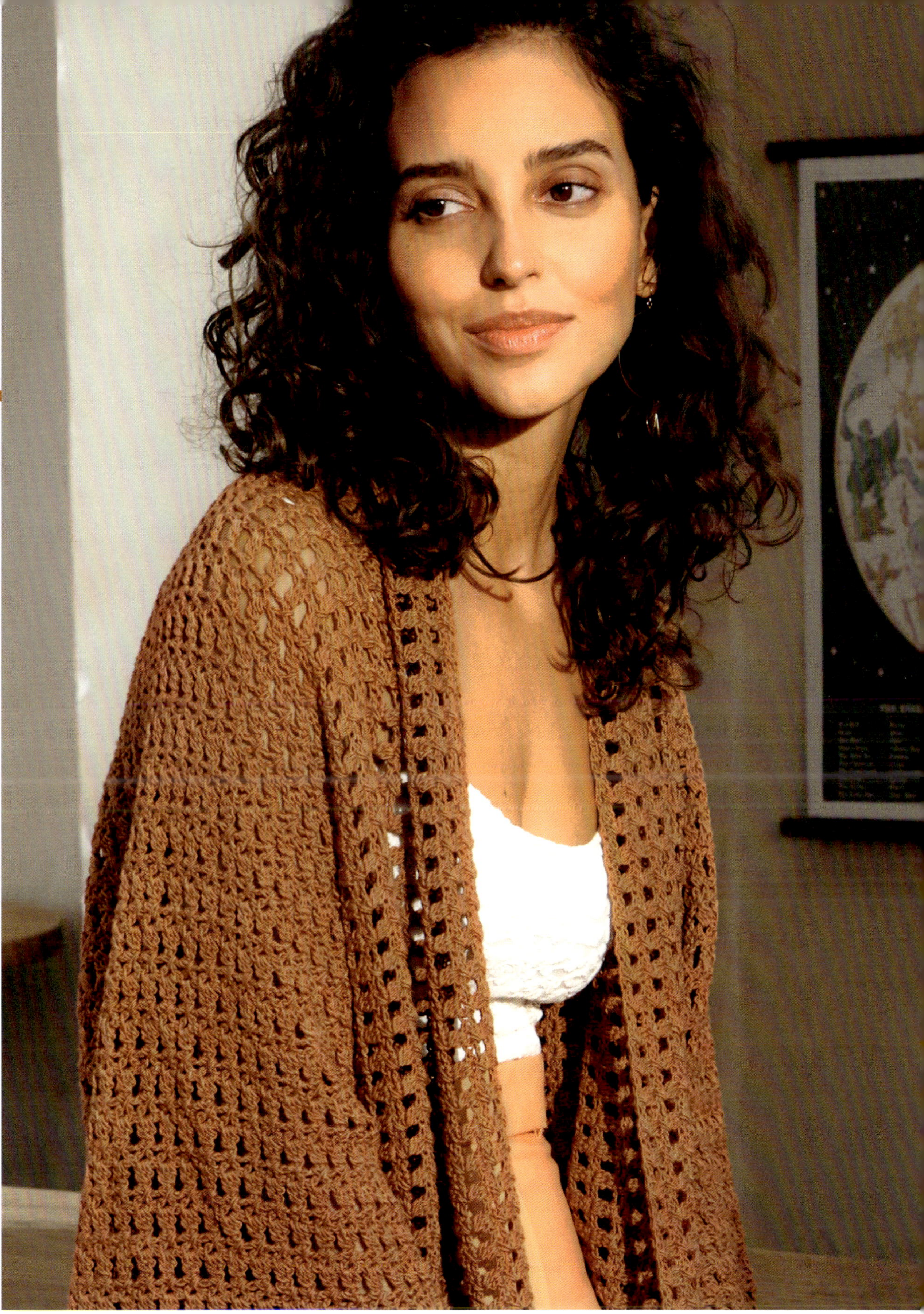

Langer Rock

Kannst du feste Maschen und Stäbchen häkeln? Dann kannst du auch diesen coolen Streifenrock häkeln. Die Schrägstreifen entstehen wie von selbst durch Zunahmen in der Mitte und Abnahmen an den Seiten.

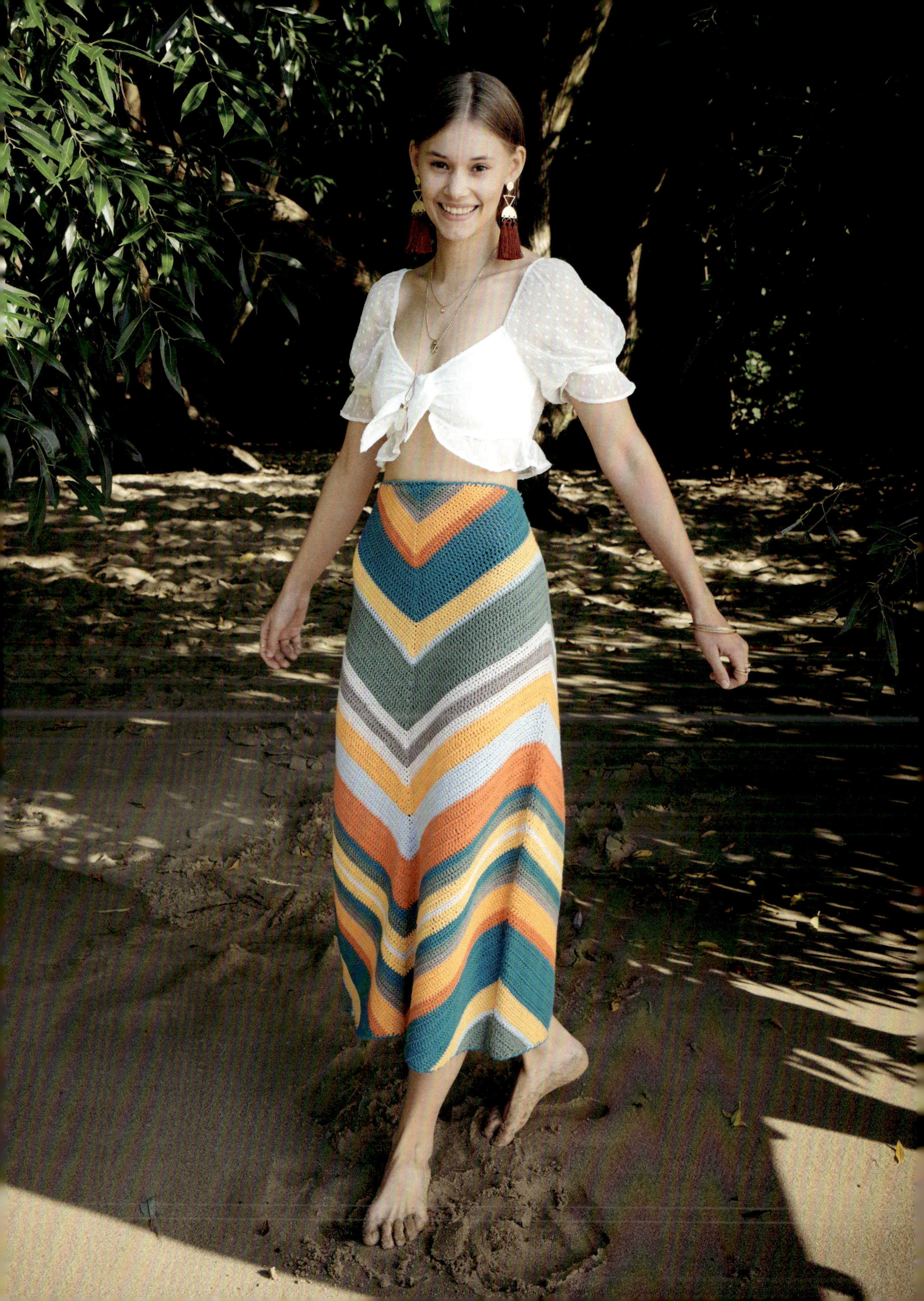

Langer Rock

Zacken & Streifen

GRÖSSE

36/38, 40/42 und 44
Die Angaben für die größeren Größen stehen hintereinander in Klammern. Steht nur eine Angabe, so gilt diese für alle Größen.

MATERIAL

Lana Grossa Elastico (96 % Baumwolle, 4 % Polyester (Elité), LL = 160 m/50 g);
150 (150/200) g Petrol (Farbe 122),
100 (150/150) g Resedagrün (Farbe 141),
100 (100/150) g Gelborange (Farbe 161),
100 (100/150) g Kürbis (Farbe 150),
100 (100/150) g Zartblau (Farbe 130),
50 (50/100) g Grège (Farbe 103),
50 (50/100) g Apricot (Farbe 158) und
50 (50/100) g Graubraun (Farbe 137);
1 Häkelnadel 4,5 mm, 1 Maschenmarkierer, Gummiband von PRYM, Art. 955 246, Schwarz, 25 mm breit, 1 m lang, Vernähnadel

MASCHENPROBE

Feste M: 19 Maschen x 20 Reihen = 10 cm x 10 cm
Stäbchen: 19 Maschen x 9 Reihen = 10 cm x 10 cm

MUSTER

Feste M
Jede R mit 1 Wendeluftmasche beginnen.

Stäbchen
Jede R mit 3 Wendeluftmaschen beginnen.

Zunahmen ab Taille
Nach Häkelschrift arbeiten. Es sind Hin- und Rückreihen gezeichnet. Die 1.–4. R 1 x arbeiten, dann das Prinzip der 3. und 4. R stets wiederholen.

Farb- und Musterfolge
* 4 R Petrol feste M, 3 R Resedagrün feste M, 3 R Graubraun feste M, 8 R Apricot feste M, 2 R Kürbis Stäbchen, 8 R Petrol Stäbchen, 8 R Gelborange feste M, 1 R Zartblau Stäbchen, 8 R Resedagrün Stäbchen, 4 R Grège feste M, 2 R Graubraun Stäbchen, 4 R Grège feste M, 4 R Apricot Stäbchen, 10 R Zartblau feste M, 6 R Kürbis Stäbchen, 3 R Petrol feste M, 2 R Resedagrün Stäbchen, 2 R Gelborange Stäbchen, 2 R Grège feste M, 2 R Gelborange Stäbchen, ab * wiederholen.

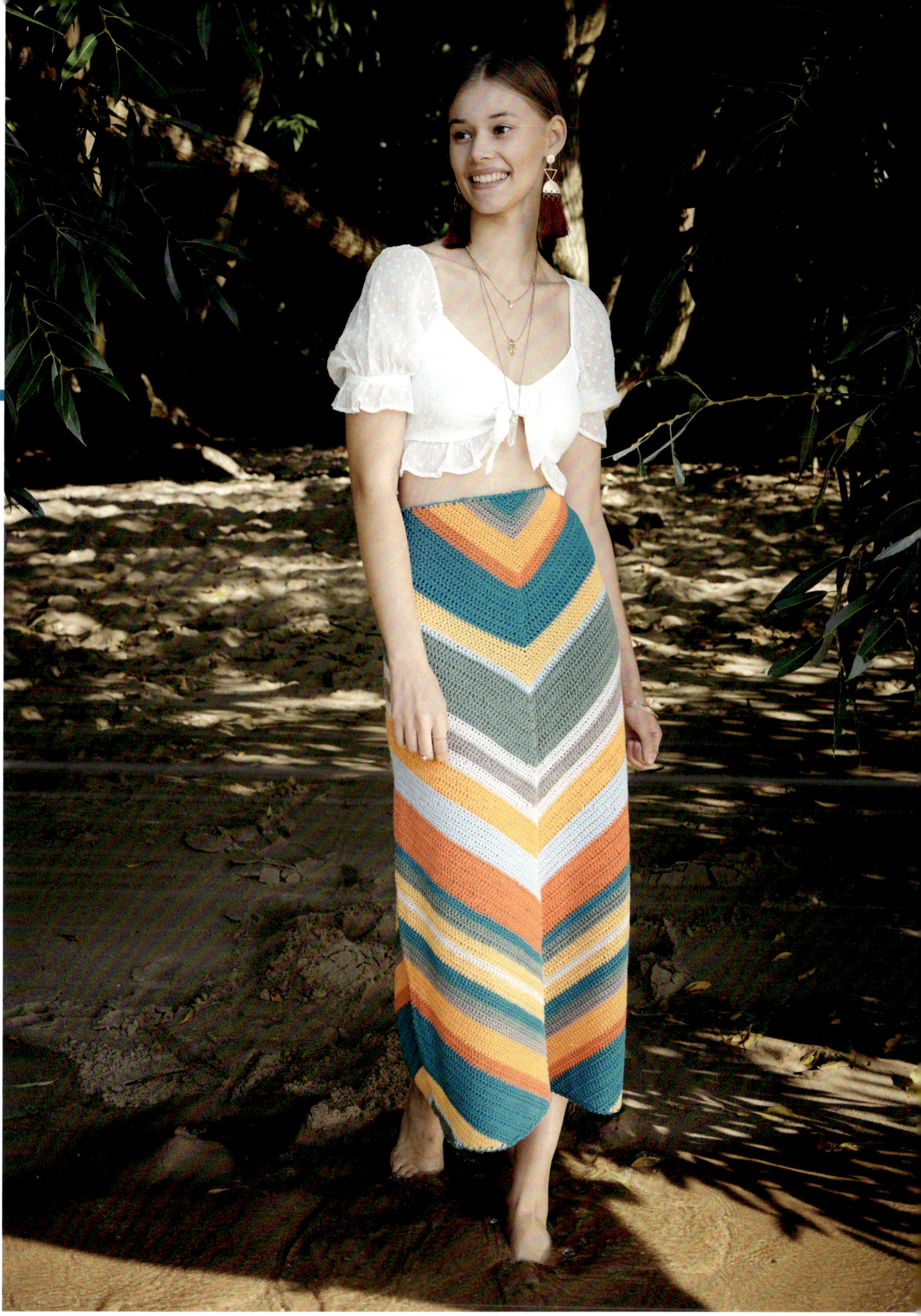

Häkelschrift

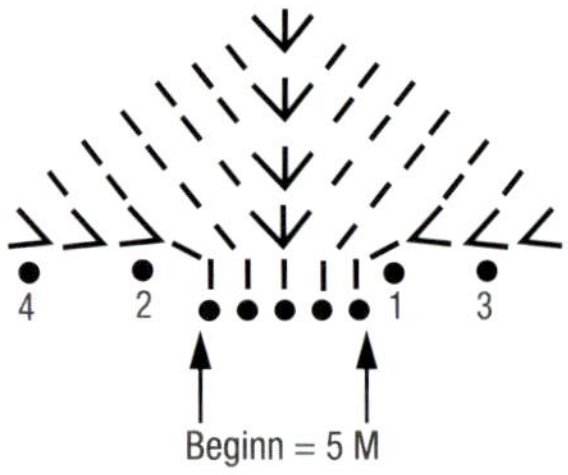

- • = 1 Luftmasche
- I = 1 feste Masche
- V = 2 feste M in eine Einstichstelle
- W = 3 feste M in eine Einstichstelle

SO WIRD'S GEMACHT

Bevor du beginnst, mache einen originalgroßen Papierschnitt. Während des Arbeitens kannst du so durch Auflegen des Häkelteils immer wieder die Maße überprüfen. Der Rock wird in 2 Hälften gehäkelt und am Rockbund begonnen. Das hat den Vorteil, dass du die Länge selbst bestimmen kannst. Die Pfeile in der Schnittzeichnung geben die Häkelrichtung an.

1. Rockteil

5 Luftmaschen + 1 Wendeluftmasche mit Häkelnadel 4,5 mm in Petrol anschlagen und 5 feste M arbeiten. Die Mittel-M mit dem Maschenmarkierer markieren. Nach Häkelschrift beidseitig und in der Mitte Zunahmen arbeiten und nach Farb- und Musterfolge häkeln. In jeder R werden 4 M zugenommen. Werden gemäß Farbfolge Stäbchen gehäkelt, dann anstelle 1 Wendeluftmasche 3 Wendeluftmaschen häkeln und anstelle von 2 beziehungsweise 3 festen Maschen 2 beziehungsweise 3 Stäbchen in eine M häkeln. Sobald die Bundweite erreicht ist, = 38 (41/44) cm, nur noch in die markierte Mittelmasche 3 feste M beziehungsweise 3 Stäbchen häkeln, beidseitig keine M mehr zunehmen. Damit der Rock nicht zu weit wird, müssen seitlich M abgenommen werden. Dafür an beiden Seiten Abnahmen wie folgt arbeiten: Zuerst in jeder 2. Hin-R die beiden Anfangsmaschen und die beiden Endmaschen zusammen abmaschen. In den Rück-R stets alle M arbeiten. Sollte das Teil zu breit werden, die Abnahmen in jeder Hin-R arbeiten. Zur Kontrolle das Häkelteil immer wieder auf den originalgroßen Schnitt auflegen. Sobald mit der Spitze die Länge des Häkelteils erreicht ist, ca. = 80 cm Gesamtlänge, oder die individuelle Länge, die Arbeit ab der Mitte getrennt weiterarbeiten.

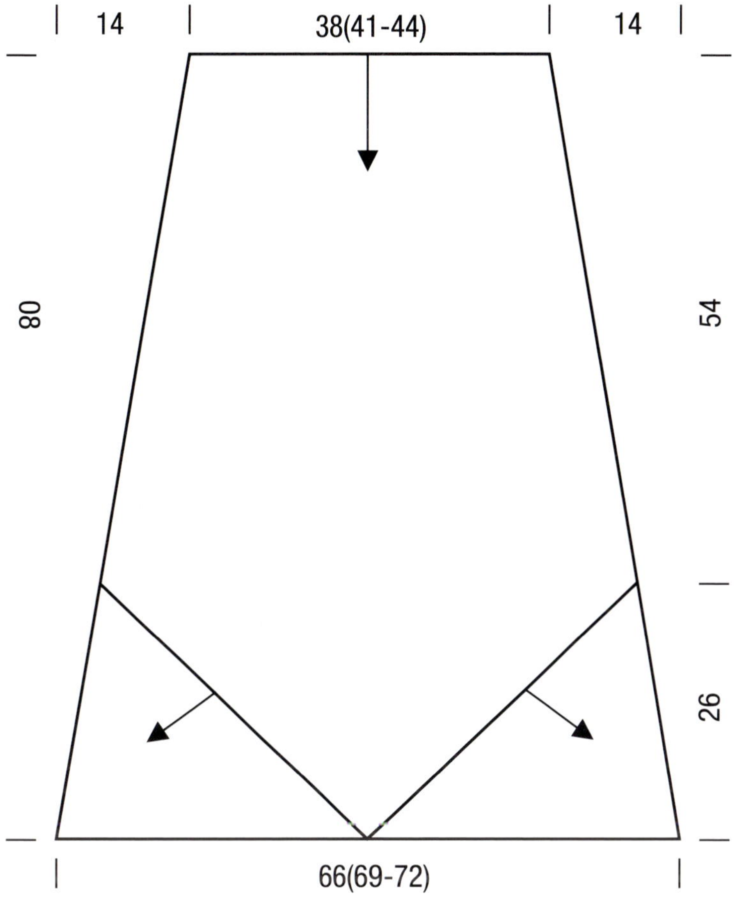

Rockteil

1. Hälfte: Von der Seitenlinie bis zur Mitte nach Farb- und Musterfolge weiterhäkeln und in jeder R, also am Ende der R und gleich zu Beginn der nächsten R, jeweils 2 M zusammen abmaschen. Diese Abnahmen so oft wiederholen, bis alle M aufgebraucht sind.

2. Hälfte: Ebenso arbeiten.

2. Rockteil

Ebenso arbeiten.

Fertigstellen

Alle Fäden vernähen. Rockteile spannen, anfeuchten und trocknen lassen. Seitennähte schließen. Den oberen und unteren Rand mit Häkelnadel 4,5 mm in Petrol mit 1 Rd Krebsmaschen (= feste M von links nach rechts) umhäkeln. Gummiband leicht gedehnt auf die nötige Weite bringen und auf der Innenseite des Rockbundes annähen.

Pullover

Fünffachstäbchen in den beigefarbenen Streifen lassen den lässigen Ringelpulli schnell wachsen und sorgen für zurückhaltende Transparenz. Ganz schön hip: sexy Cutouts an den Schulternähten.

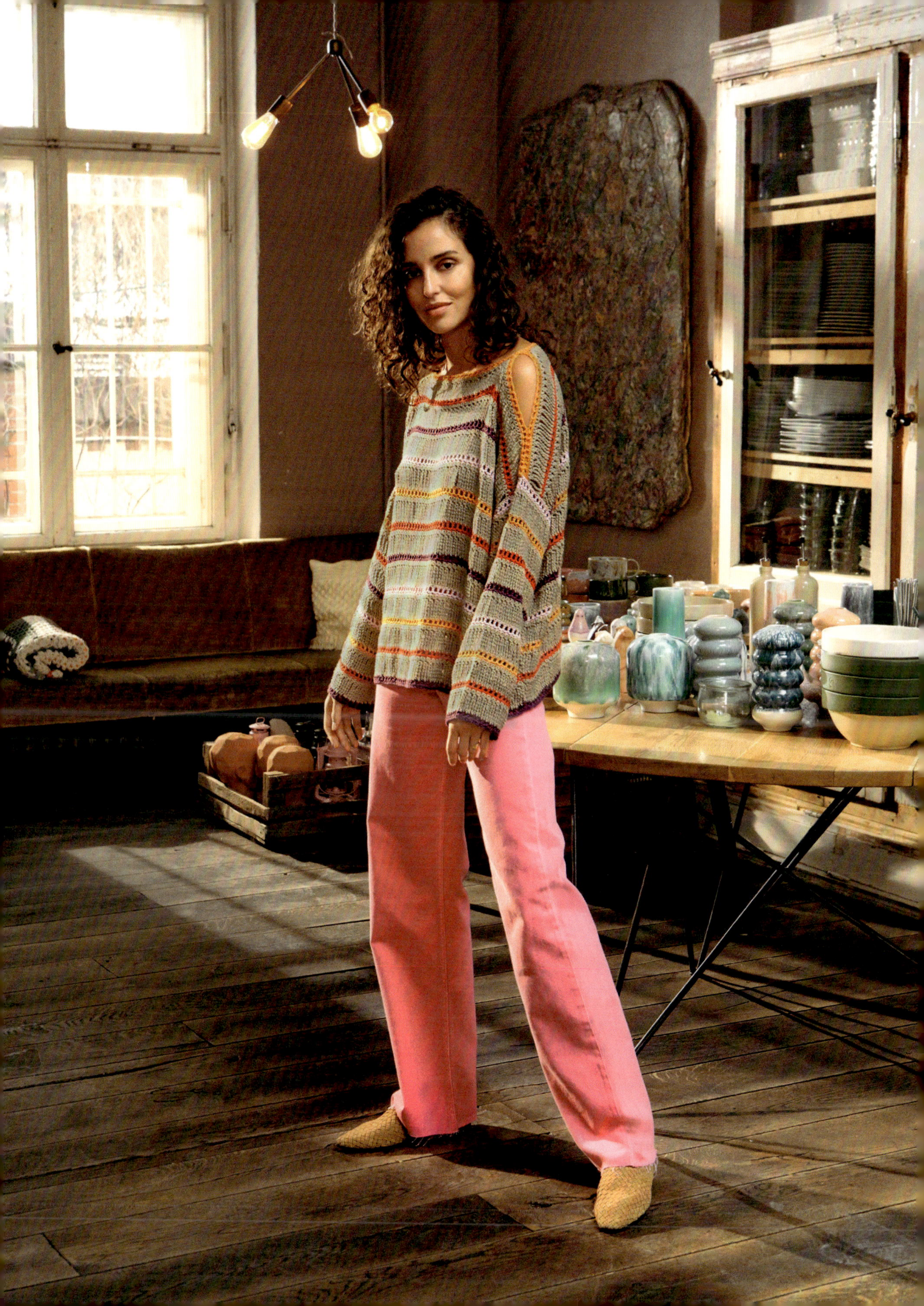

Pullover

Transparenz

GRÖSSE
36/38, 40/42 und 44
Die Angaben für die größeren Größen stehen hintereinander in Klammern. Steht nur eine Angabe, so gilt diese für alle Größen.

MATERIAL
Lana Grossa Landlust Sommerseide (50 % Seide, 50 % Baumwolle, LL = 170 m/50 g), 350 (400/450) g Beige (Farbe 32), 50 (50/100) g Dunkelviolett (Farbe 21), 50 (50/100) g Rot (Farbe 11), 50 (50/100) g Altrosa (Farbe 14) und 50 (50/100) g Orange (Farbe 10); 1 Häkelnadel 3,5 mm; Vernähnadel

MASCHENPROBE
22 Maschen x 7,5 Reihen = 10 cm x 10 cm

MUSTER
Grundmuster
Maschenzahl teilbar durch 2 + 1 Wendeluftmasche. Die Anzahl an Wendeluftmaschen variiert in den Reihen je nach Maschengröße. Nach Häkelschrift arbeiten. Es sind Hin- und Rückreihen gezeichnet. Die Maschen sind so bezeichnet, wie sie gearbeitet werden. In den Hinreihen mit den M vor dem rechten Pfeil beginnen, den Rapport zwischen den Pfeilen stets wiederholen und mit den M nach dem linken Pfeil enden. In den Rückreihen die M entsprechend von links nach rechts lesen. Die 1.–16. R stets wiederholen.

Farbfolge
* 2 R Dunkelviolett, 2 R Beige, 2 R Rot, 2 R Beige, 2 R Orange, 2 R Beige, 2 R Altrosa, 2 R Beige; ab * stets wiederholen.

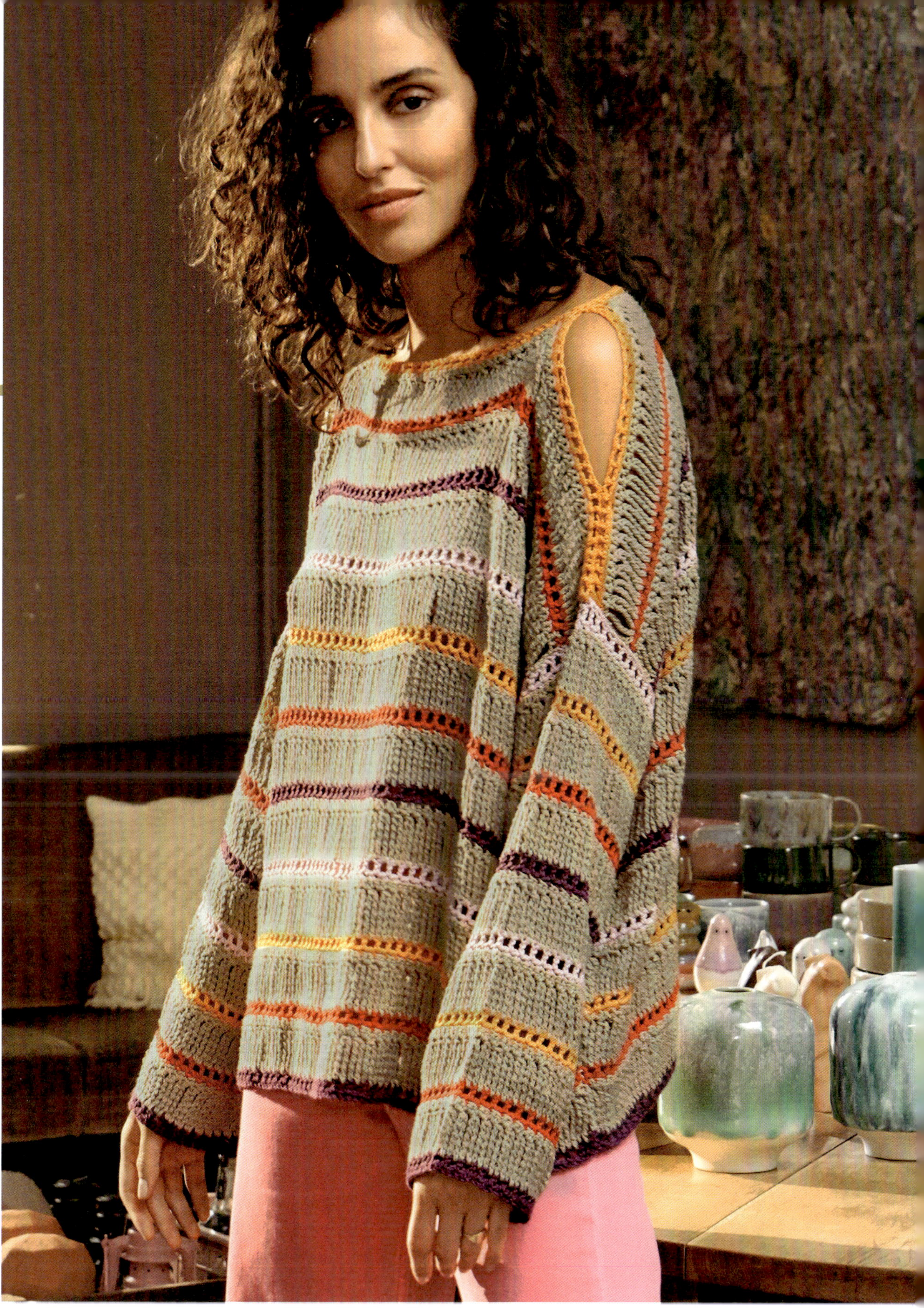

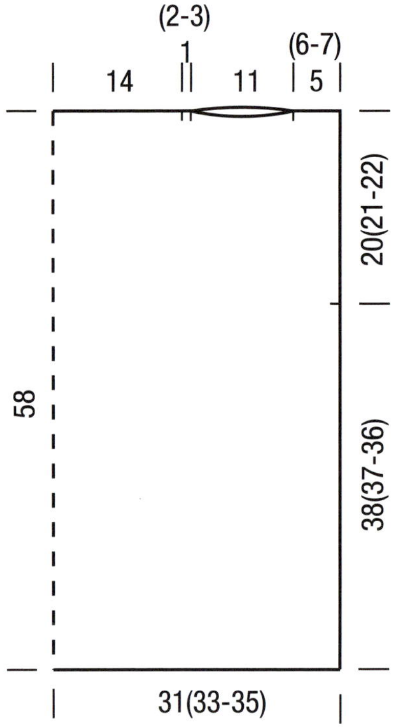

Rücken- und
Vorderteil Hälfte

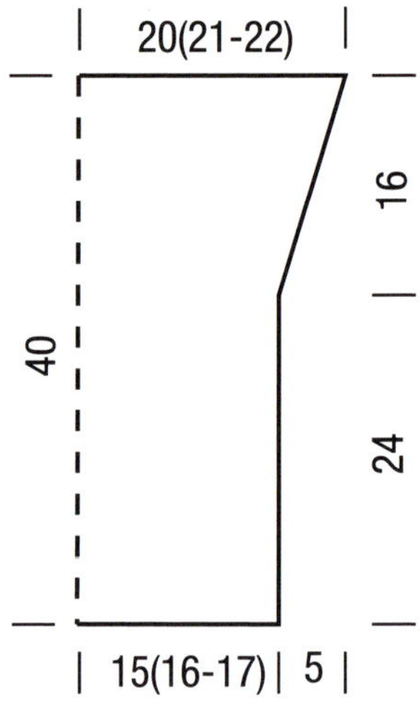

Ärmel Hälfte

SO WIRD'S GEMACHT

Rückenteil

136 (144/154) Luftmaschen plus 1 Wendeluftmasche mit Häkelnadel 3,5 mm in Dunkelviolett anschlagen. Im Grundmuster und nach Farbfolge häkeln. Die 1.–16. R 2x wiederholen, dann die 1.–10. R 1x arbeiten = 42 R. In 58 cm Gesamthöhe Arbeit beenden.

Vorderteil

Wie das Rückenteil arbeiten.

Ärmel

66 (70–74) Luftmaschen plus 1 Wendeluftmasche mit Häkelnadel 3,5 mm in Dunkelviolett anschlagen. Im Grundmuster und nach Farbfolge häkeln. In der 19. R für die Ärmelschräge 1x 1 M beidseitig zunehmen, dann in jeder R 10x 1 M beidseitig zunehmen = 88 (92/96) M. Die 1.–16. R 1x arbeiten, dann die 1.–14. R 1x arbeiten = 30 R. In 40 cm Gesamthöhe Arbeit beenden.
2. Ärmel ebenso arbeiten.

Fertigstellung

Alle Fäden vernähen. Teile spannen, anfeuchten und trocknen lassen. Schulternähte ab Seitenrand beidseitig je 5 (6/7) cm in Orange mit Kettmaschen zusammenhäkeln, für die Cut-outs 11 cm offen lassen, dann 1 (2/3) cm schließen. Die mittleren 28 cm für den Halsausschnitt offen lassen. Die Ärmel beidseitig der Schulternaht je 20 (21/22) cm annähen. Seiten- und Ärmelnähte schließen.

Häkelschrift

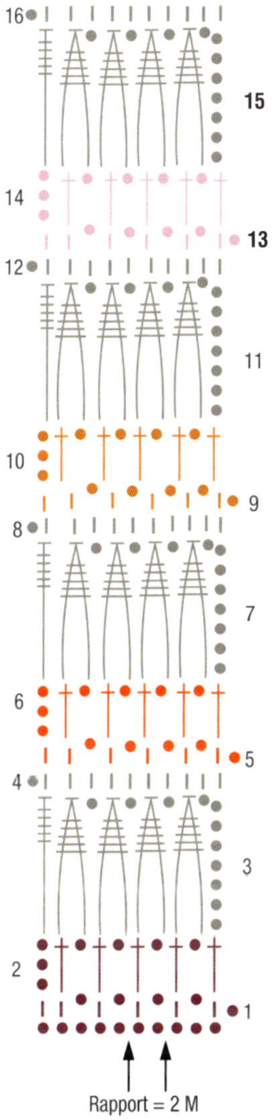

- = Beige
- = Dunkelviolett
- = Rot
- = Orange
- = Altrosa

- ● = 1 Luftmasche
- = 1 feste Masche
- = 1 Stäbchen
- = 5-faches Stäbchen
- = 2 zusammen abgemaschte 5-fache Stäbchen

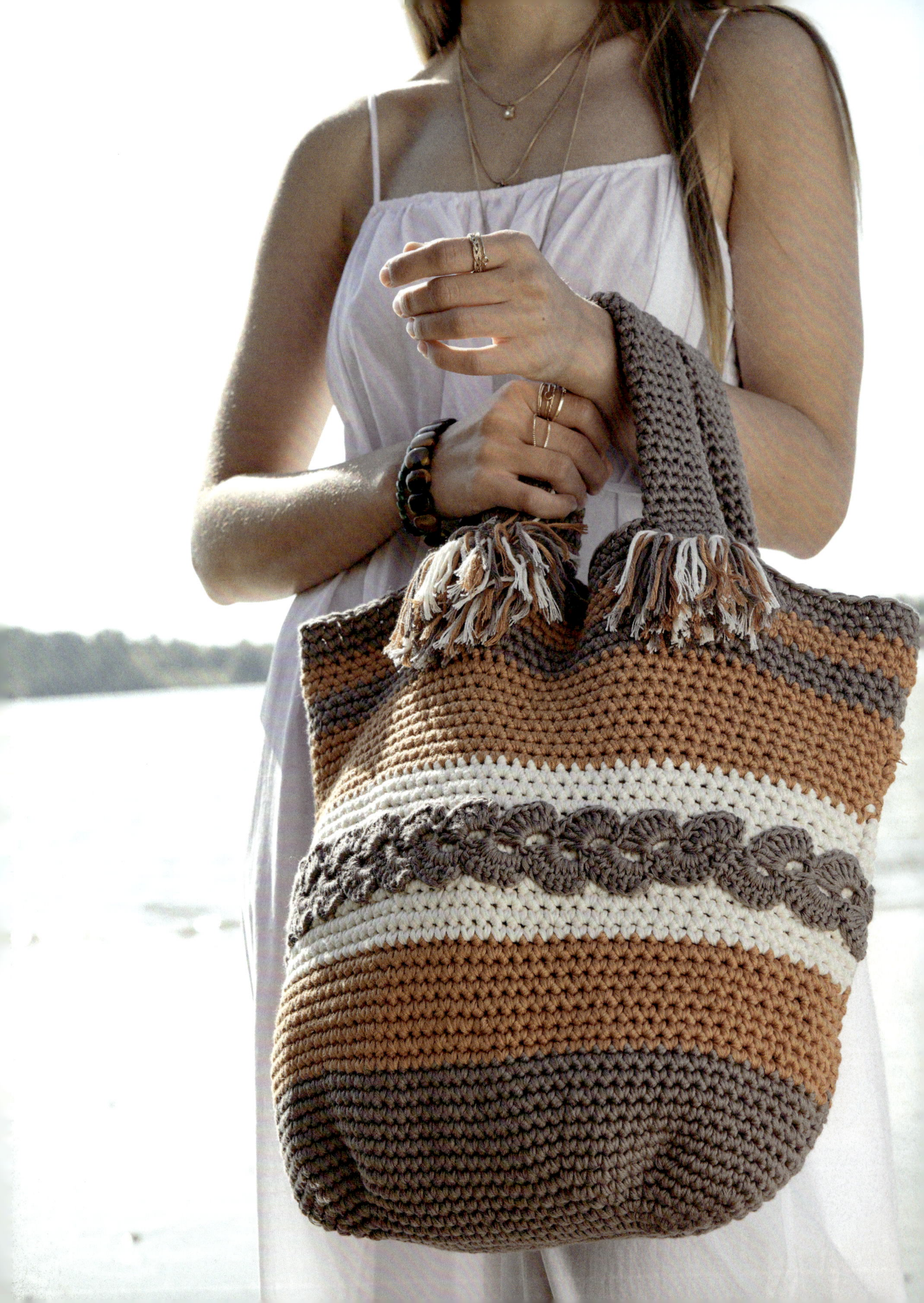

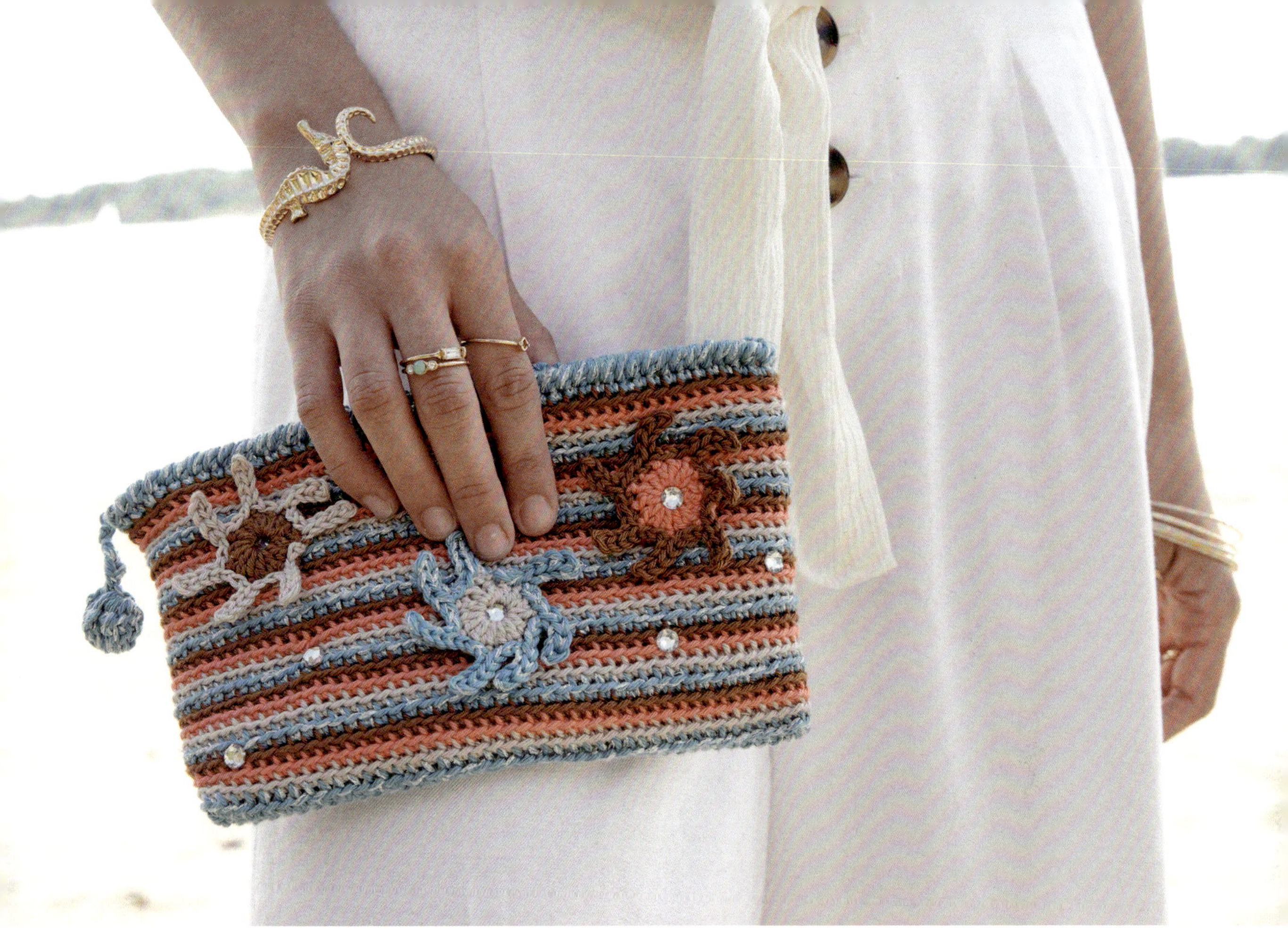

Accessoires

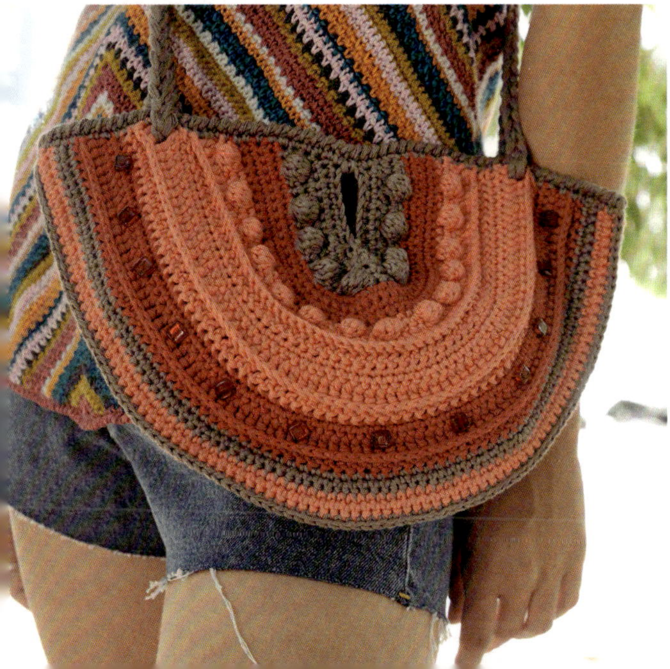

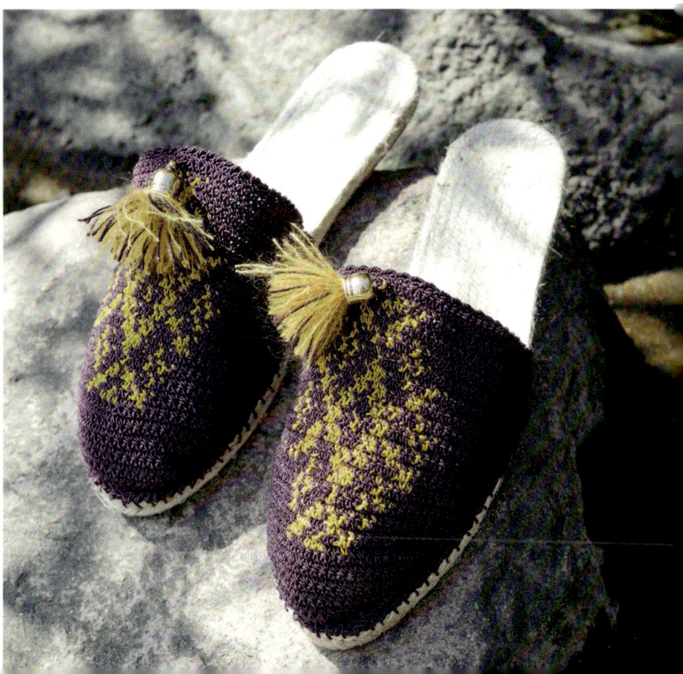

Tasche

Die kleine halbrunde Tasche kommt gleich in zwei Farbvariationen daher. Tja, gar nicht einfach sich zu entscheiden! Noppen, Stäbchen, Reliefstäbchen und die Streifen sorgen jedenfalls für jede Menge Abwechslung und zum Schluss kommt noch das Sahnehäubchen: Glitzerperlen.

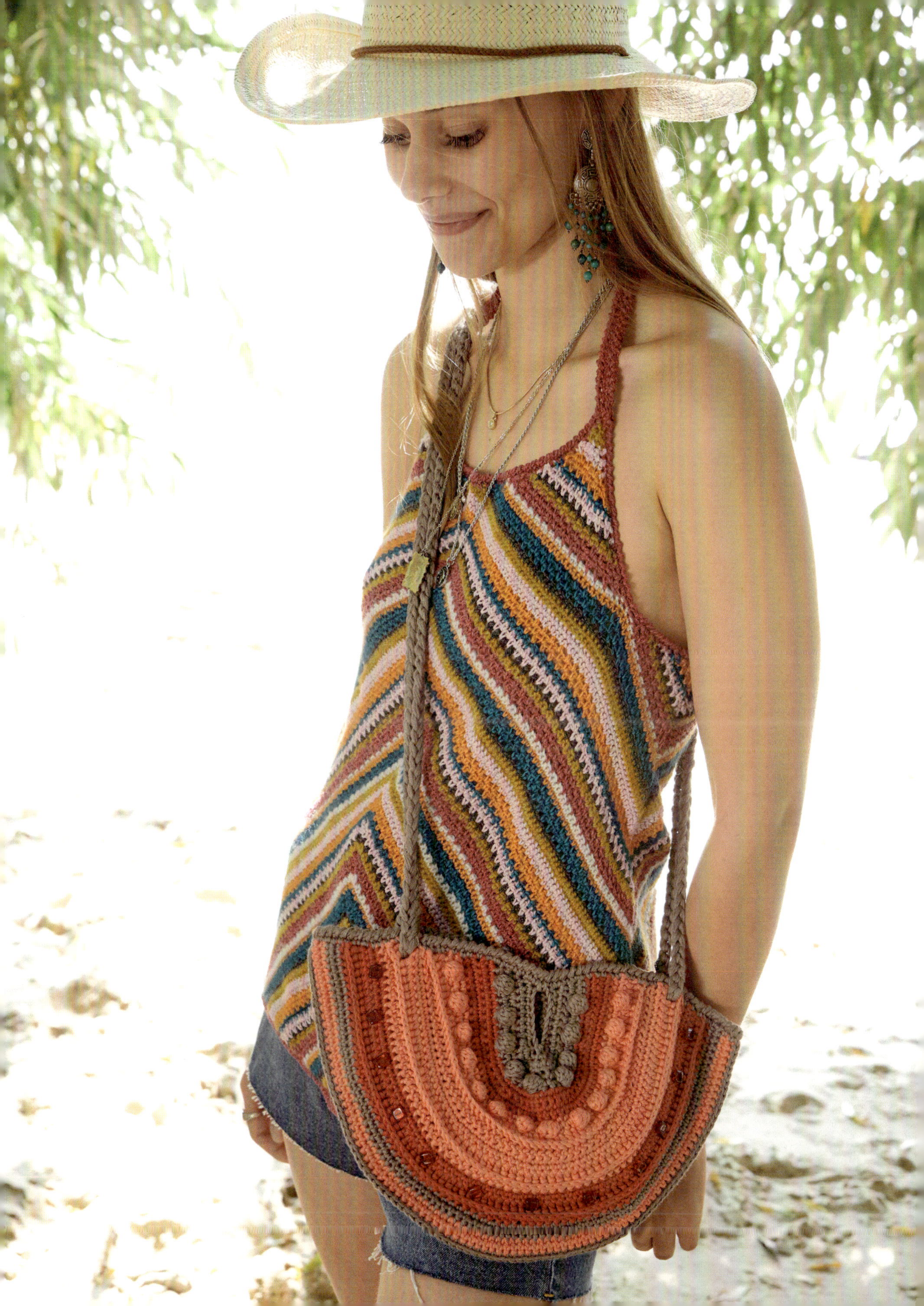

Tasche

Noppen & Perlen

GRÖSSE
34 cm x 20 cm, Breite x Höhe
Die Angaben für Tasche B stehen in Klammern. Steht nur eine Angabe, so gilt diese für beide Taschen.

MATERIAL
Lana Grossa Organico (100 % Bio Baumwolle, LL = 90 m/50 g), **Tasche A:** 100 g Himbeer (Farbe 69), 100 g Taupe (Farbe 3) und 50 g Rot (Farbe 58), von Gütermann 24 Quadratperlen, Artikel 603 848, Farbe 4395, Ø 8 mm; **Tasche B:** 100 g Gelbbraun (Farbe 133), 100 g Taupe (Farbe 3) und 50 g Altrosa (Farbe 86), von Gütermann 22 Stabperlen, Artikel 603 023, Farbe 5185, Ø 15 mm; 1 Häkelnadel 4 mm und 6 mm, Nähgarn in Rot (Altrosa), 1 Wollsticknadel, 1 dünne Nähnadel; Vernähnadel

MASCHENPROBE
Feste Maschen mit Häkelnadel 4 mm:
17 Maschen x 18 Reihen = 10 cm x 10 cm

MUSTER
Feste Maschen
Jede Reihe beginnt mit 1 Wendeluftmasche.

Halbe Stäbchen
Jede Reihe beginnt mit 2 Wendeluftmaschen.

Noppenmuster
Das Noppenmuster wird stets in einer Rückreihe gearbeitet. Die Noppen sind dadurch auf der Vorderseite zu sehen. Maschenzahl teilbar durch 4 plus 3 Maschen. **1. R (= Rückreihe):** 1 Wendeluftmasche, * 3 feste M, 5 zusammen abgemaschte Stäbchen in die folgende Masche; ab * stets wiederholen, 3 feste M.

Farbfolge 1
1.–4. R Taupe, 5.–8. R Rot, 9.–16. R Himbeer, 17.–20. R Rot, 21. und 22. R Taupe, 23. und 24. R Himbeer.

Farbfolge 2
1.–4. R Gelbbraun, 5.–8. R Altrosa, 9.–16. R Taupe, 17.–20. R Altrosa, 21. und 22. R Gelbbraun, 23. und 24. R Taupe.

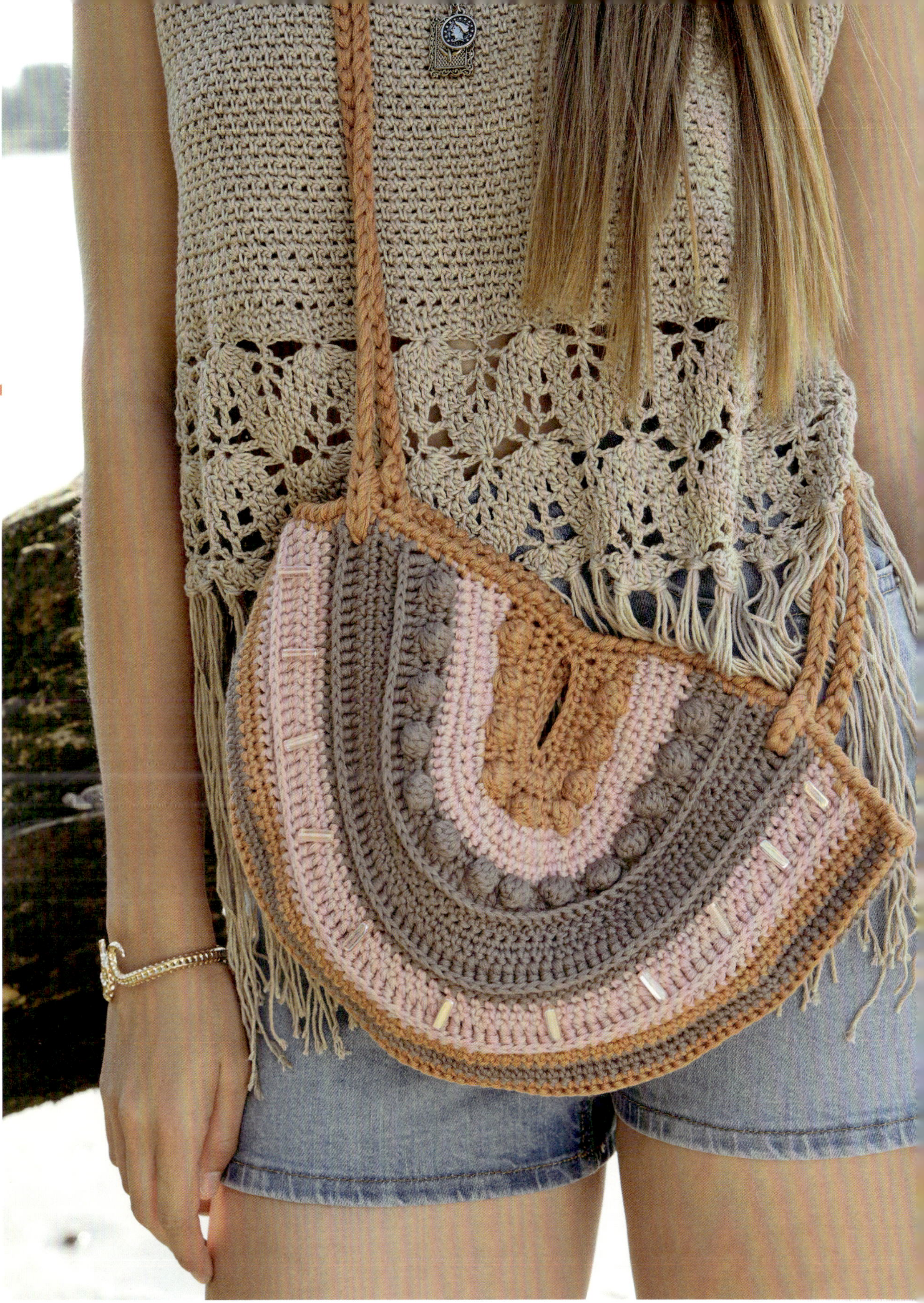

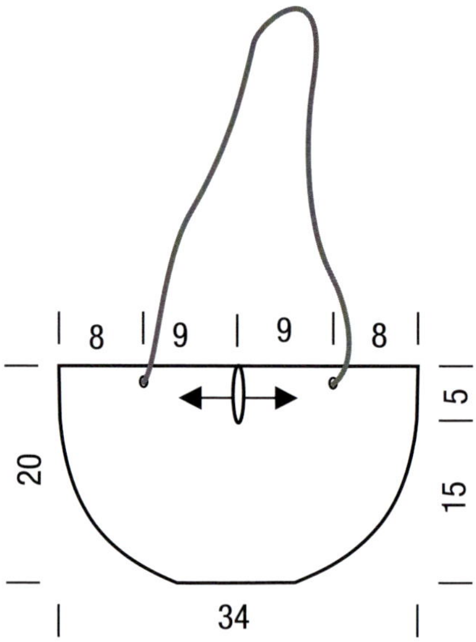

SO WIRD'S GEMACHT

Die halbrunde Form der Tasche entsteht durch Zunahmen auf die ganze Reihe verteilt. Man beginnt in der Mitte der Tasche und häkelt zum äußeren Rand. Die Pfeile in der Schnittzeichnung geben die Häkelrichtung an.

Tasche A in Himbeer, Rot und Taupe.
Tasche B in Altrosa, Gelbbraun und Taupe.
20 Luftm plus 1 Wendeluftmasche mit Häkelnadel 4 mm in Taupe (Gelbbraun) anschlagen, dabei den Anschlagfaden lang lassen. Feste M nach Farbfolge 1 (2) häkeln. Für die Weite der Tasche Zunahmen wie folgt arbeiten:

1. R (= Hinreihe): 1 Wendeluftmasche, 8 feste M, 4x 2 feste M in je eine Einstichstelle, 8 feste M = 24 M.

2. R (= Rückreihe): 1 Wendeluftmasche, 1x 2 feste M in eine Einstichstelle, 8 feste M, 6x 2 halbe Stäbchen in je eine Einstichstelle, 8 feste M, 1x 2 feste M in eine Einstichstelle = 32 M.

3. R (= Hinreihe): 1 Wendeluftmasche, 1x 2 feste M in eine Einstichstelle, 12 feste M, 5x 2 feste M in je eine Einstichstelle, 13 feste M, 1x 2 feste M in eine Einstichstelle = 39 M.

4. R (= Rückreihe): Noppenmuster, ohne Zunahmen.

5. R (= Hinreihe): 1 Wendeluftmasche, 1x 2 feste M in eine Einstichstelle, 17 feste M, 3x 2 feste M in je eine Einstichstelle, 17 feste M, 1x 2 feste M in eine Einstichstelle = 44 M.

6. R (= Rückreihe): 44 feste M ohne Zunahmen.

7. R (= Hinreihe): 1 Wendeluftmasche, 13 feste M, 4x 2 feste M in je eine Einstichstelle, 10 feste M, 4x 2 feste M in eine Einstichstelle, 13 feste M = 52 M.

8. R (= Rückreihe): 52 feste M ohne Zunahmen.

9. R (= Hinreihe): 1 Wendeluftmasche, 1x 2 feste M in eine Einstichstelle, 17 feste M, * 1x 2 feste M in eine Einstichstelle, 4 feste M, ab * noch 2x wiederholen, 1x 2 feste M in eine Einstichstelle, 17 feste M, 1x 2 feste M in eine Einstichstelle = 58 M.

10. R (= Rückreihe): Noppenmuster, Mittelmasche verdoppeln = 59 M.

11. R (= Hinreihe): 3 Wendeluftmaschen als Ersatz für das 1. Stäbchen, 19 Stäbchen, * 1 x 2 Stäbchen in eine Einstichstelle, 5 Stäbchen, ab * noch 2 x wiederholen, 1 x 2 Stäbchen in eine Einstichstelle, 20 Stäbchen = 63 M.
12. R (= Rückreihe): 2 Wendeluftmaschen, Reliefstäbchen von vorne (= 1 Umschlag auf die Nadel nehmen, von vorne nach hinten und wieder nach vorne um das Stäbchen der letzten Reihe herumstechen und 1 Stäbchen häkeln), ohne Zunahmen.
13. R (= Hinreihe): 63 feste M ohne Zunahmen.
14. R (= Rückreihe): 1 Wendeluftmasche, 1x 2 feste M in eine Einstichstelle, 15 feste M, * 1x 2 feste M in eine Einstichstelle, 3 feste M, ab * noch 7 x wiederholen, 14 feste M, 1x 2 feste M in eine Einstichstelle = 73 M.
15. R (= Hinreihe): 3 Wendeluftmaschen als Ersatz für das 1. Stäbchen, Stäbchen ohne Zunahmen.
16. R (= Rückreihe): 2 Wendeluftmaschen, Reliefstäbchen von vorne ohne Zunahmen.
17. R (= Hinreihe): 73 feste M ohne Zunahmen.
18. R (= Rückreihe): 1 Wendeluftmasche, 1x 2 feste M in eine Einstichstelle, 23 feste M, * 1x 2 feste M in eine Einstichstelle, 2 feste M, ab * noch 7 x wiederholen, 1x 2 feste M in eine Einstichstelle, 23 feste M, 1x 2 feste M in eine Einstichstelle = 84 M.
19. R (= Hinreihe): 3 Wendeluftmaschen, als Ersatz für das 1. Stäbchen, Stäbchen ohne Zunahmen.
20. R (= Rückreihe): 2 Wendeluftmaschen, Reliefstäbchen von vorne ohne Zunahmen.
21. R (= Hinreihe): 84 feste M ohne Zunahmen.
22. R (= Rückreihe): 1 Wendeluftmasche, 1x 2 feste M in eine Einstichstelle, 25 feste M, * 1x 2 feste M in eine Einstichstelle, 3 feste M, ab * noch 7 x wiederholen, 1x 2 feste M in eine Einstichstelle, 24 feste M, 1x 2 feste M in eine Einstichstelle = 95 M.
23. R (= Hinreihe): 95 feste M ohne Zunahmen.
24. R (= Rückreihe): 95 feste M ohne Zunahmen. Arbeit beenden.

Mit dem Anfangsfaden die erste und letzte M des Anschlags miteinander verbinden und Faden gut vernähen. Die schlitzförmige Öffnung in der Taschenmitte ist dadurch entstanden. Die 2. Taschenhälfte ebenso häkeln.

Fertigstellung
Alle Fäden vernähen. Beide Taschenhälften spannen, anfeuchten und trocknen lassen. Taschenhälften mit 1 R feste M in Taupe (Gelbbraun) von der Außenseite her zusammenhäkeln. Nun den gesamten oberen Taschenrand mit 1 Rd feste M umhäkeln. Danach 1 Rd Krebsm (= feste M von links nach rechts) um den Taschenrand. Für die Bänder 4-fädig mit Häkelnadel 6 mm in Taupe (Gelbbraun) 2 Luftmaschen-Ketten häkeln, Länge ca. 112 cm. Die Enden der Bänder von der Taschenaußenseite her durch die Stäbchen der 15. R nach innen etwa 4 cm durchziehen. Die Enden der Bänder mit den Anfangs- beziehungsweise Endfäden auf der Rückseite der langen Bänder annähen. Auf Taschenvorderseite und Taschenrückseite je 12 Quadratperlen (11 Stabperlen) gleichmäßig verteilt mit passendem Nähgarn und der dünnen Nähnadel laut Abbildung aufnähen.

Mütze

Ohne Mütze geht gar nicht, auch nicht im Sommer! Stäbchen und Luftmaschen sorgen für Durchzug und das breite Bündchen aus festen Maschen für einen guten Halt. In der Mützenmitte angefangen, bestimmst du die Länge der Mütze, von klassisch kurz bis Beanie lang.

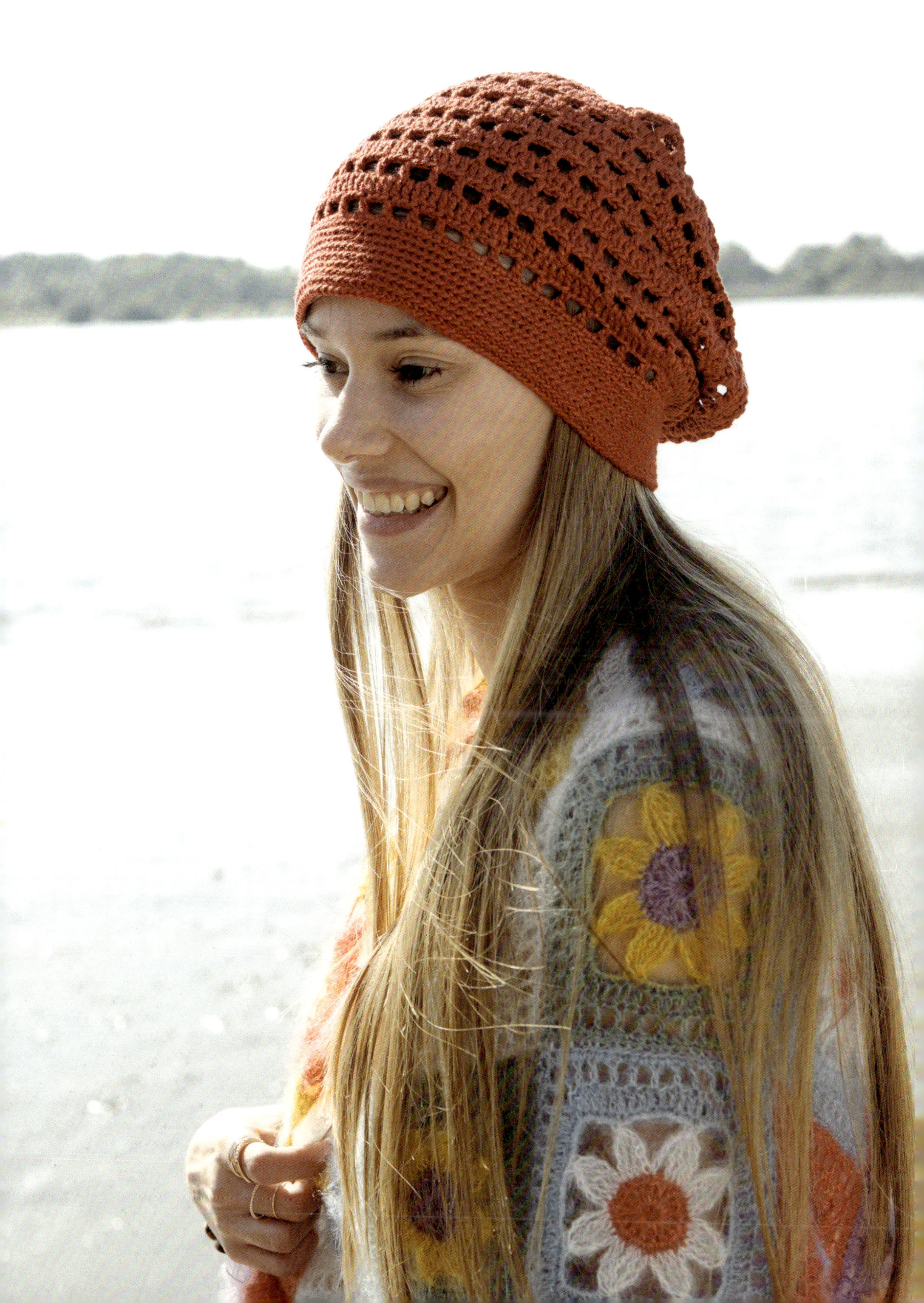

Mütze

Lochmuster mit Durchzug

GRÖSSE
Kopfumfang 54–56 cm

MATERIAL
Lana Grossa Linarte (40 % Viskose, 30 % Baumwolle, 20 % Leinen, 10 % Polyamid, LL = 125 m/50 g); 100 g Dunkelrot (Farbe 8); 1 Häkelnadel 3,5 mm und 4,5 mm; Vernähnadel

MASCHENPROBE
Stäbchen mit Häkelnadel 4,5 mm:
22 Maschen x 8 Reihen/Runden
= 10 cm x 10 cm
Bundmuster mit Häkelnadel 3,5 mm:
23 Maschen x 20 Reihen/Runden
= 10 cm x 10 cm

MUSTER
Bundmuster
Feste Maschen. Es wird in Runden gearbeitet. **1. Rd:** 1 Wendeluftmasche, feste M. Diese Runde und jede weitere Runde mit 1 Kettmasche in die Wendeluftmasche schließen. **2. Rd:** 1 Wendeluftmasche, feste M, dabei stets in das halbe hintere Maschen-Glied einstechen. Die 2. Rd stets wiederholen.

SO WIRD'S GEMACHT
Man beginnt in der Mützenmitte und häkelt zum Bund hin. Zuerst einen Fadenring legen. Wenn du noch nicht weißt, wie so ein Fadenring geht, sieh dir mal den Tipp auf Seite 87 an.
Mit Häkelnadel 4,5 mm häkeln:
1. Rd: 3 Wendeluftmaschen, 12 Stäbchen in den Ring arbeiten. Diese Rd und jede weitere Rd mit 1 Kettmasche in die letzte Wendeluftmasche schließen. Fadenende anziehen und somit den Ring schließen.
2. Rd: 3 Wendeluftmaschen, * 1 Luftmasche, 1 Stäbchen; ab * stets wiederholen, 1 Luftmasche = 26 M.

3. Rd: 3 Wendeluftmaschen, * 3 Stäbchen um die Luftmasche, 1 Stäbchen; ab * stets wiederholen, 3 Stäbchen um die Luftmasche = 52 M.
4. Rd: 3 Wendeluftmaschen, * 1 Stäbchen mit 2 Luftmaschen übergehen, 1 Stäbchen; ab * stets wiederholen, 1 Stäbchen mit 2 Luftmaschen übergehen = 78 M.
5. Rd: 3 Wendeluftmaschen, * 3 Stäbchen um den Luftmaschen-Bogen, 1 Stäbchen; ab * stets wiederholen, 3 Stäbchen um den Luftmaschen-Bogen = 104 M.
6. Rd: 3 Wendeluftmaschen, * 1 Stäbchen mit 1 Luftmasche übergehen, 1 Stäbchen; ab * stets wiederholen, 1 Stäbchen mit 1 Luftmasche übergehen = 104 M.
7. Rd: 3 Wendeluftmaschen, * 2 Stäbchen um den Luftmaschen-Bogen, 1 Stäbchen; ab * stets wiederholen, dabei jedoch jedes 4. Mal nur 1 Stäbchen um den Luftmaschen-Bogen häkeln, enden mit 1 Stäbchen um den Luftmaschen-Bogen = 143 M.
8. Rd: 3 Wendeluftmaschen, * 2 Stäbchen mit 2 Luftmaschen übergehen, 1 Stäbchen; ab * stets wiederholen, enden mit 1 Stäbchen mit 2 Luftmaschen übergehen = 144 M.
9. Rd: 3 Wendeluftmaschen, * 2 Stäbchen um den Luftmaschen-Bogen, 1 Stäbchen; ab * stets wiederholen, 2 Stäbchen um den Luftmaschen-Bogen = 144 M.
10. Rd: 3 Wendeluftmaschen, * 2 Stäbchen mit 2 Luftmaschen übergehen, 1 Stäbchen; ab * stets wiederholen, enden mit 2 Stäbchen mit 2 Luftmaschen übergehen = 144 M.
11., 13., 15., 17., 19. und 21. Rd: Wie 9. Rd.
12., 14., 16., 18., 20. und 22. Rd: Wie 10. Rd, dabei die 22. Rd bereits mit Häkelnadel 3,5 mm arbeiten. Für das Bündchen mit Häkelnadel 3,5 mm im Bundmuster häkeln, dabei in der 1. Rd gleichmäßig verteilt 8 M abnehmen = 136 M. Nach ca. 4 cm Bündchenbreite die Arbeit beenden.

Fertigstellung
Alle Fäden vernähen.

TIPP: Fadenring
Der Fadenring besteht aus einer einfachen Schlinge, um welche die erste Runde Maschen gehäkelt wird. Am Ende wird die Runde mit einer Kettmasche in die erste Masche geschlossen. Mit dem Anfangsfaden wird der Ring zusammengezogen. Damit kann die Öffnung reguliert oder auch ganz geschlossen werden.
Und so geht's: Das Fadenende einmal um den linken Daumen schlingen und zwischen Mittelfinger und Daumen festhalten. Den Arbeitsfaden wie gewohnt um den Zeigefinger der linken Hand führen. Um den Daumen liegt nun eine Schlaufe. Mit der Häkelnadel durch die Schlaufe am Daumen hindurch den Arbeitsfaden durchholen – auf der Nadel liegt eine Schlinge. Nochmals Faden holen, dabei nicht durch die Daumenschlaufe gehen. Faden durch die Masche auf der Nadel durchziehen. Die 1. Masche ist fertig. * Durch die Daumenschleife hindurchstechen, Faden durchholen, nochmals Faden holen, dabei nicht durch die Daumenschlaufe gehen. Faden durch die Masche auf der Nadel durchziehen; ab * stets wiederholen. Sobald 2–3 Maschen gehäkelt wurden, ist der Fadenring stabil genug, sodass der Anfangsfaden nicht mehr mit dem Mittelfinger festgehalten werden muss.

Shopper

Mit doppelfädigem Garn und Häkelnadel 5 mm kommst du hier schnell zum Ziel. Die festen Maschen werden ganz einfach in Runden gehäkelt, somit ersparst du Dir das lästige Zusammennähen. Die einzige Herausforderung ist dann nur noch die aufgenähte Häkelborte.

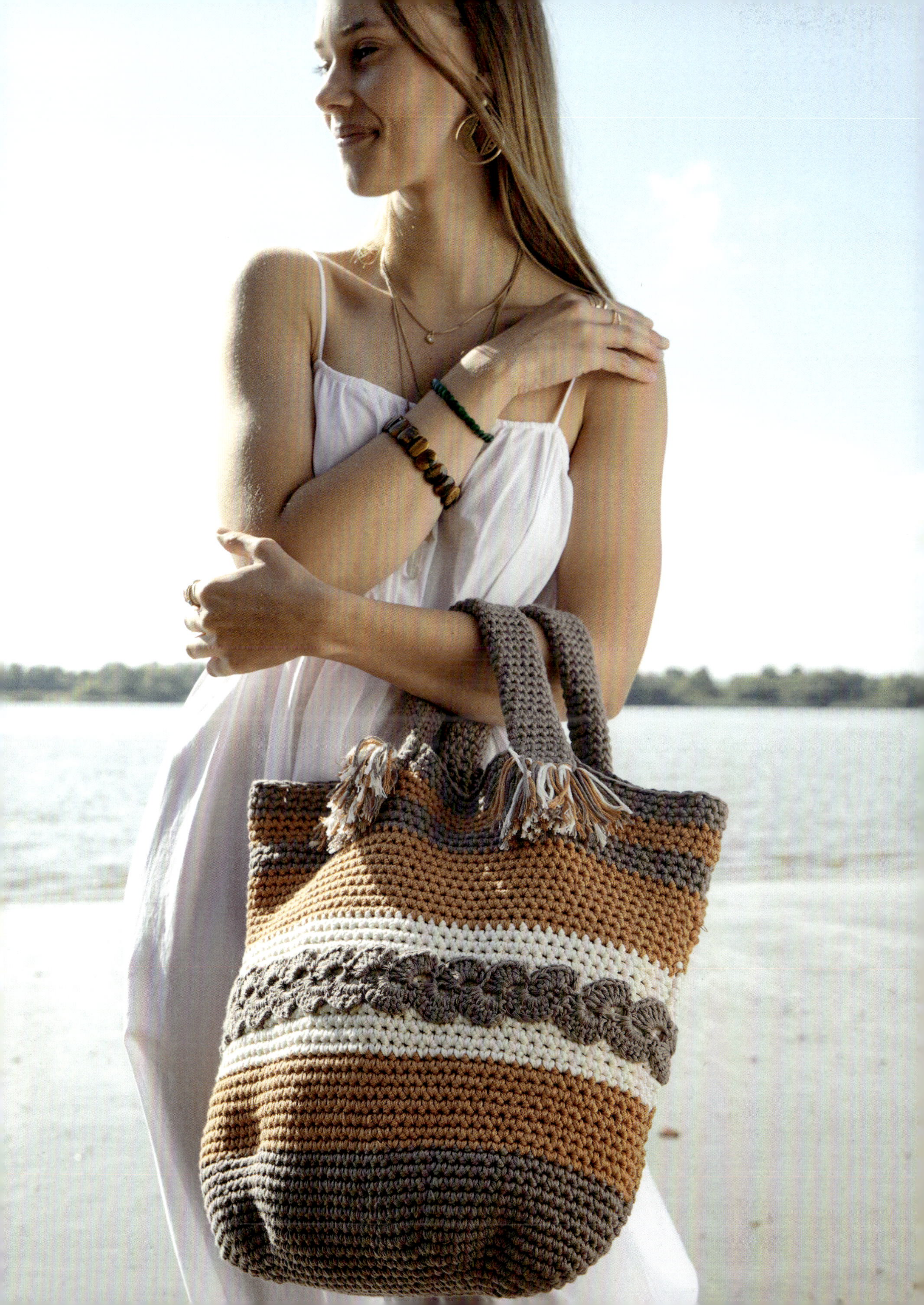

Shopper

Rund gehäkelt

GRÖSSE
84 cm x 32 cm, Umfang x Höhe

MATERIAL
Lana Grossa Organico (100 % Bio Baumwolle, LL = 90 m/50 g); 300 g Taupe (Farbe 3), 300 g Gelbbraun (Farbe 133) und 100 g Ecru (Farbe 9); 1 Häkelnadel 4 mm und 5 mm; Vernähnadel

MASCHENPROBE
Feste M doppelfädig mit Häkelnadel 5 mm:
10,5 Maschen x 13 Reihen/Runden
= 10 cm x 10 cm

MUSTER
Feste Maschen
Jede R/Rd mit 1 Wende-Luftmasche beginnen. Jede Rd mit 1 Kettmasche in die Wende-Luftmasche schließen.

Borte
Einfädig mit Häkelnadel 4 mm. Siehe Häkelschrift. Die 1.–3. R 1x arbeiten, dann die 2.–3. R stets wiederholen.

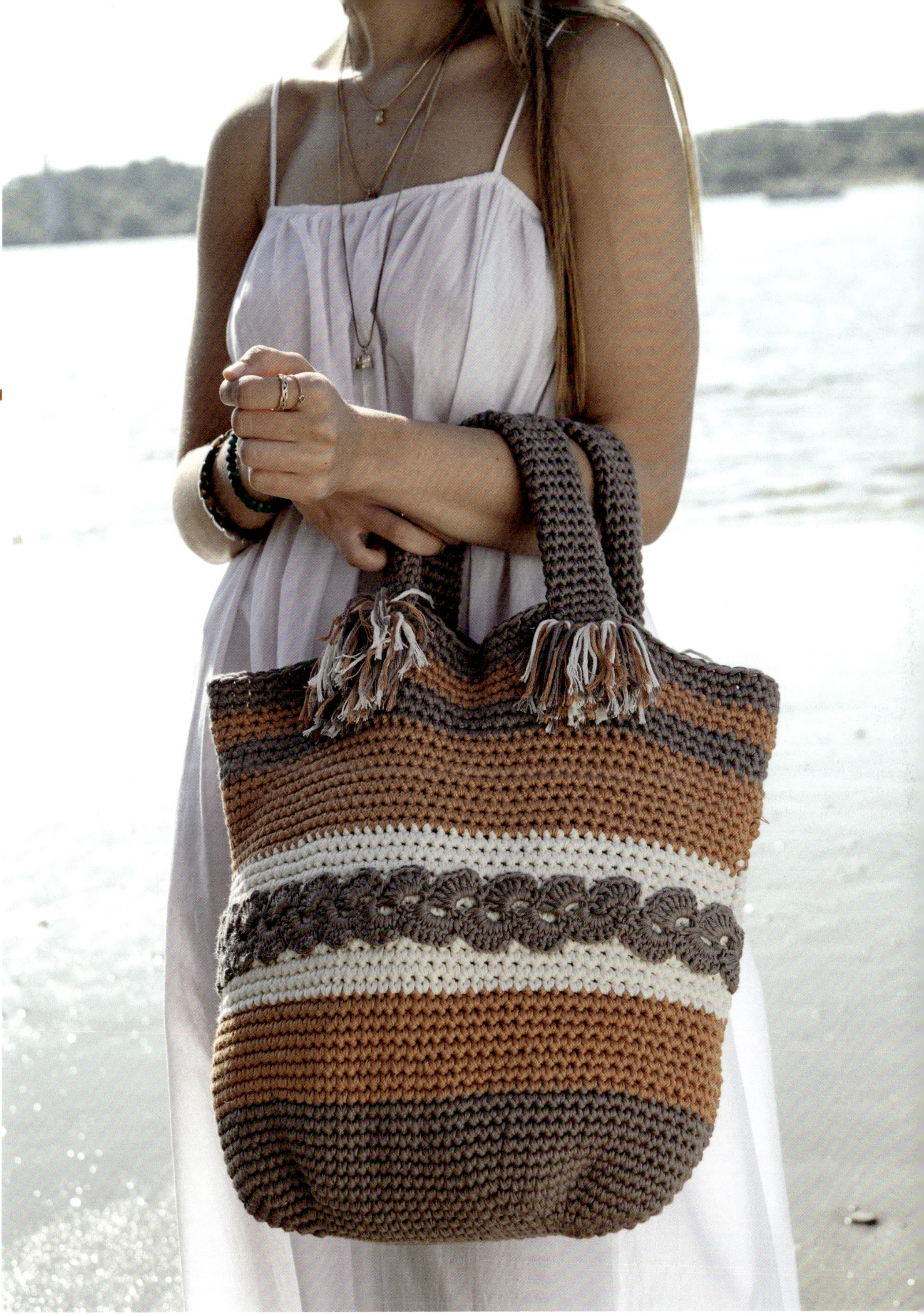

Häkelschrift

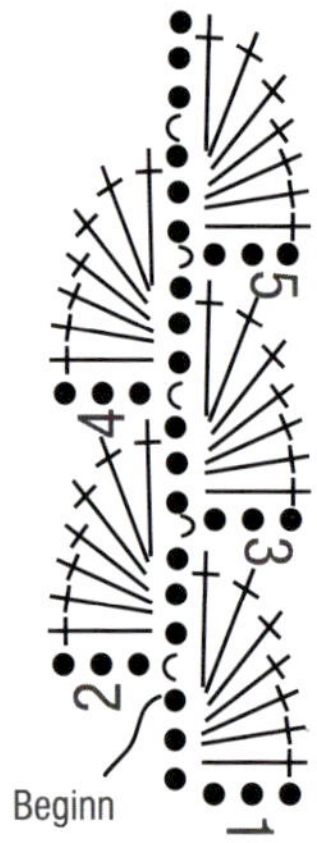

• = 1 Luftmasche

ᴖ = 1 Kettmasche

† = 1 Stäbchen

SO WIRD'S GEMACHT

Der Shopper wird doppelfädig und in Runden gehäkelt. Man beginnt am Boden.
22 Luftmaschen plus 1 Wendeluftmasche in Taupe doppelfädig mit Häkelnadel 5 mm anschlagen.

1. Rd: In die 1. Luftmasche 2 feste M häkeln, 20 feste M, in die letzte Luftmasche 3 feste M, dann auf der Unterseite der Anschlags-R 20 feste M = 45 M plus 1 Wendeluftmasche. Mit 1 Kettmasche in die Wendeluftmasche die Rd schließen.

2. Rd: 1 Wendeluftmasche, in die 1. M 3 feste M, 1 feste M, 1 feste M verdoppeln, 18 feste M, 1 feste M verdoppeln, 1 feste M, in die folgende M 3 feste M, 1 feste M, 1 feste M verdoppeln, 18 feste M, 1 feste M verdoppeln, 1 feste M = 54 M plus 1 Wendeluftmasche.

3. Rd: 1 Wendeluftmasche, 1 feste M, 1 M verdoppeln, 1 feste M, 1 M verdoppeln, 20 feste M, * 1 M verdoppeln, 1 feste M; ab * noch 2x wiederholen, 1 M verdoppeln, 20 feste M, 1 M verdoppeln, 1 feste M, 1 M verdoppeln. Mit 1 Kettmasche in die Wendeluftmasche Rd schließen = 62 M plus 1 Wendeluftmasche.

4. Rd: 1 Wendeluftmasche, 2 feste M, 1 M verdoppeln, 1 feste M, 1 M verdoppeln, 1 feste M, 1 M verdoppeln, 17 feste M, * 1 M verdoppeln, 2 feste M; ab * noch 1x wiederholen, 1 M verdoppeln, 1 feste M, • 1 M verdoppeln, 2 feste M; ab • noch 1x wiederholen, 1 M verdoppeln, 17 feste M, 1 M verdoppeln, 1 feste M, 1 M verdoppeln, 1 feste M, 1 M verdoppeln, 1 feste M, 1 Kettmasche in die Wendeluftmasche = 74 M plus 1 Wendeluftmasche.

5. Rd: 1 Wendeluftmasche, 1 feste M, 1 M verdoppeln, 2 feste M, 1 M verdoppeln, 4 feste M, 1 M verdoppeln, 17 feste M, 1 M verdoppeln, 4 feste M, 1 M verdoppeln, 2 feste M, 1 M verdoppeln, 1 feste M, 1 M verdoppeln, 2 feste M, 1 M verdoppeln, 4 feste M, 1 M verdoppeln, 17 feste M, 1 M verdoppeln, 4 feste M, 1 M verdoppeln, 2 feste M, 1 M verdoppeln, 2 feste M, 1 Kettmasche in die Wendeluftmasche = 86 M plus 1 Wendeluftmasche.

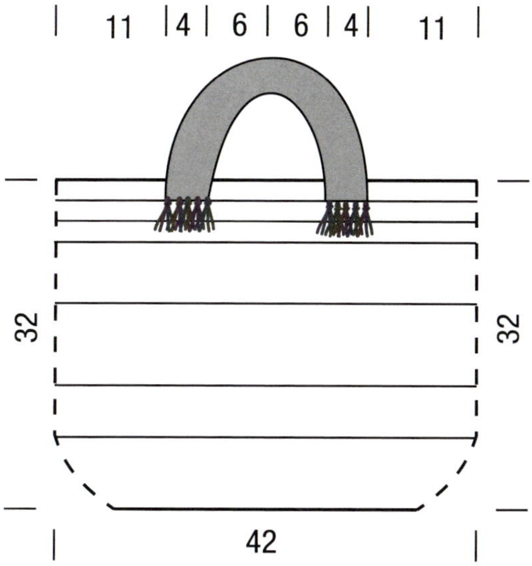

6. Rd: 1 Wendeluftmasche, 1 feste M, 1 M verdoppeln, 3 feste M, 1 M verdoppeln, 5 feste M, 1 M verdoppeln, 18 feste M, 1 M verdoppeln, 5 feste M, 1 M verdoppeln, 3 feste M, 1 M verdoppeln, 3 feste M, 1 M verdoppeln, 3 feste M, 1 M verdoppeln, 5 feste M, 1 M verdoppeln, 18 feste M, 1 M verdoppeln, 5 feste M, 1 M verdoppeln, 3 feste M, 1 M verdoppeln, 2 feste M, 1 Kettmasche in die Wendeluftmasche = 98 M plus 1 Wendeluftmasche.
Somit ist der Boden beendet. Ohne Zunahmen mit festen M in Rd weiterarbeiten und noch 7 Rd Taupe, 7 Rd Gelbbraun, 11 Rd Ecru, 8 Rd Gelbbraun, 3 Rd Taupe, 3 Rd Gelbbraun und 3 Rd Taupe häkeln. Arbeit beenden.

Borte
Einfädig 3 Luftmaschen + 3 Wendeluftmaschen mit Häkelnadel 4 mm in Taupe anschlagen und nach Häkelschrift arbeiten. Die 2. und 3. R stets wiederholen. Nach etwa 84 cm oder dem gemessenen Umfang deines Shoppers, Arbeit beenden.

Griffe (2 x)
Doppelfädig 10 Luftmaschen mit Häkelnadel 5 mm in Taupe anschlagen. Arbeit mit 1 Kettmasche in die 1. Luftmasche zur Rd schließen. In Rd feste M häkeln. Nach 32 cm Arbeit beenden. In jede M beider Enden der Griffe 6-fädige Fransen einknüpfen, dafür pro Franse je 2 Fäden Ecru, Taupe und Gelbbraun 12 cm lang zuschneiden. Franse zur Hälfte legen und mit Hilfe der Häkelnadel 5 mm einziehen. Fäden gleichmäßig zurückschneiden, fertige Fransenlänge = etwa 5 cm.

Fertigstellung
Alle Fäden vernähen. Tasche spannen, anfeuchten und trocknen lassen. Griffe an den oberen Taschenrand jeweils 6 cm beidseitig der Mitte annähen. Anfang und Ende der Borte miteinander verbinden. Borte mittig auf den ecrufarbenen Streifen aufnähen.

Umhängetasche

Boho Style der Extraklasse! Das superschöne Motiv wird mit festen Maschen in Jacquardtechnik nach Zählmuster einfach geradeaus gehäkelt. Bunte Fransen und Pompons unterstreichen den Look.

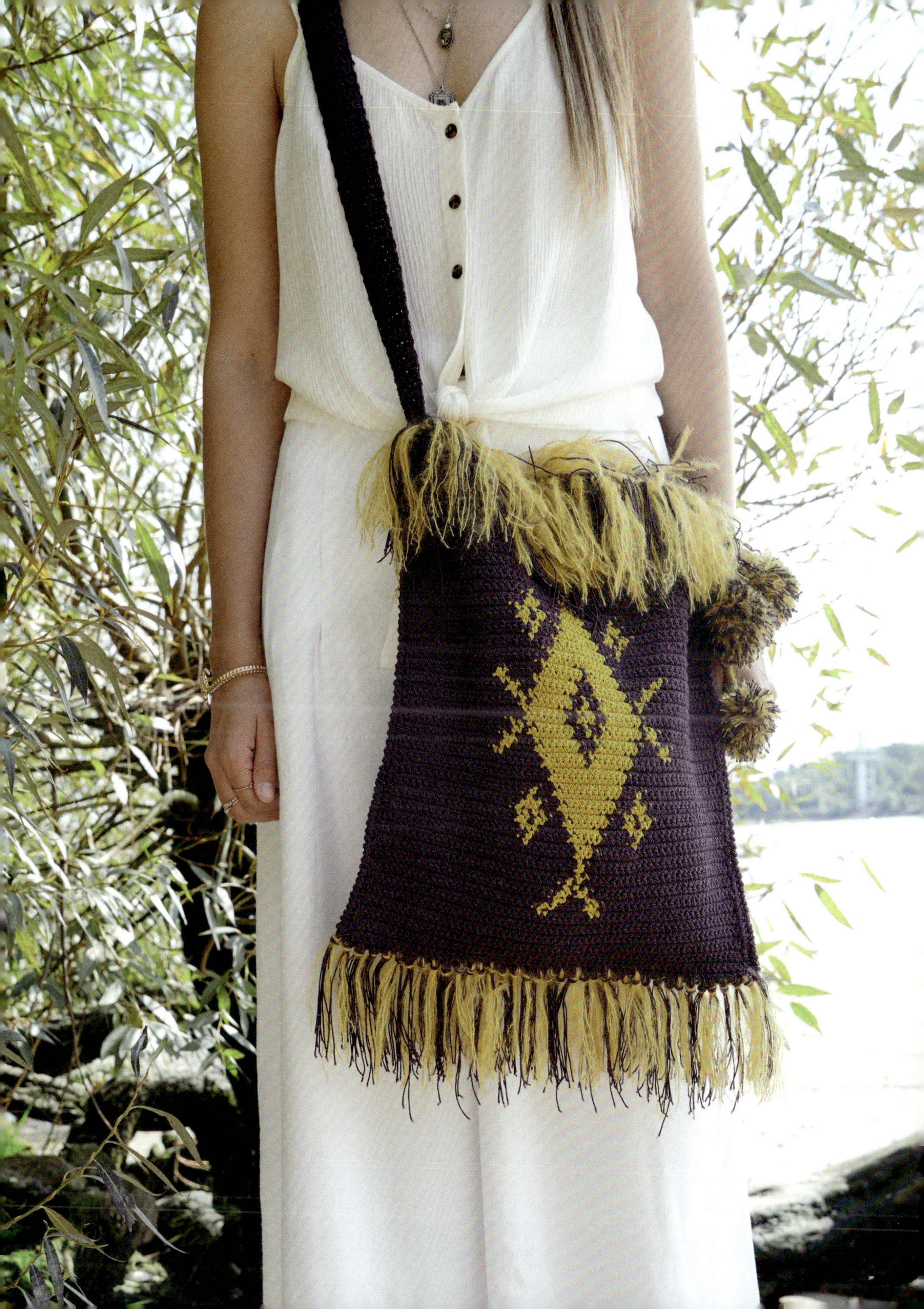

Umhängetasche

Jacquard

GRÖSSE
34 cm x 38 cm, Breite x Höhe

MATERIAL
Lana Grossa Capri (55 % Baumwolle, 30 % Polyamid, 15 % Seide, LL = 150 m/50 g), 450 g Aubergine (Farbe 9) und 50 g Senfgelb (Farbe 22) und Lana Grossa Silkhair (70 % Mohair, 30 % Seide, LL = 210 m/25 g), 25 g Curry (Farbe 160); 1 Häkelnadel 4 mm, 1 Pomponmaker von PRYM, Artikel 624 190, Ø 5 cm; Vernähnadel

MASCHENPROBE
Feste M in Capri doppelfädig mit Häkelnadel 4 mm: 19 Maschen x 20 Reihen = 10 cm x 10 cm

MUSTER
Die Tasche wird stets doppelfädig mit je 2 Fäden Capri gehäkelt.

Feste M
Je R mit 1 Wendeluftmasche beginnen.

Motiv (= 31 M)
Siehe Zählmuster. Es sind Hin- und Rückreihen gezeichnet. Die 1.–52. R 1x arbeiten. In Jacquardtechnik arbeiten: den Faden der Farbe, die nicht gebraucht wird, auf der Rückseite der Arbeit mitführen. Die festen Maschen der anderen Farbe um den mitgeführten Faden häkeln. Wichtig: darauf achten, dass die eingehäkelten Fäden gleichmäßig gespannt sind. Durch diese Technik sind keine Spannfäden sichtbar. Dieses Muster eignet sich super auch für Tischsets oder Stuhlkissen, da es von beiden Seiten verwendbar ist.
Die 2.–3. R stets wiederholen.

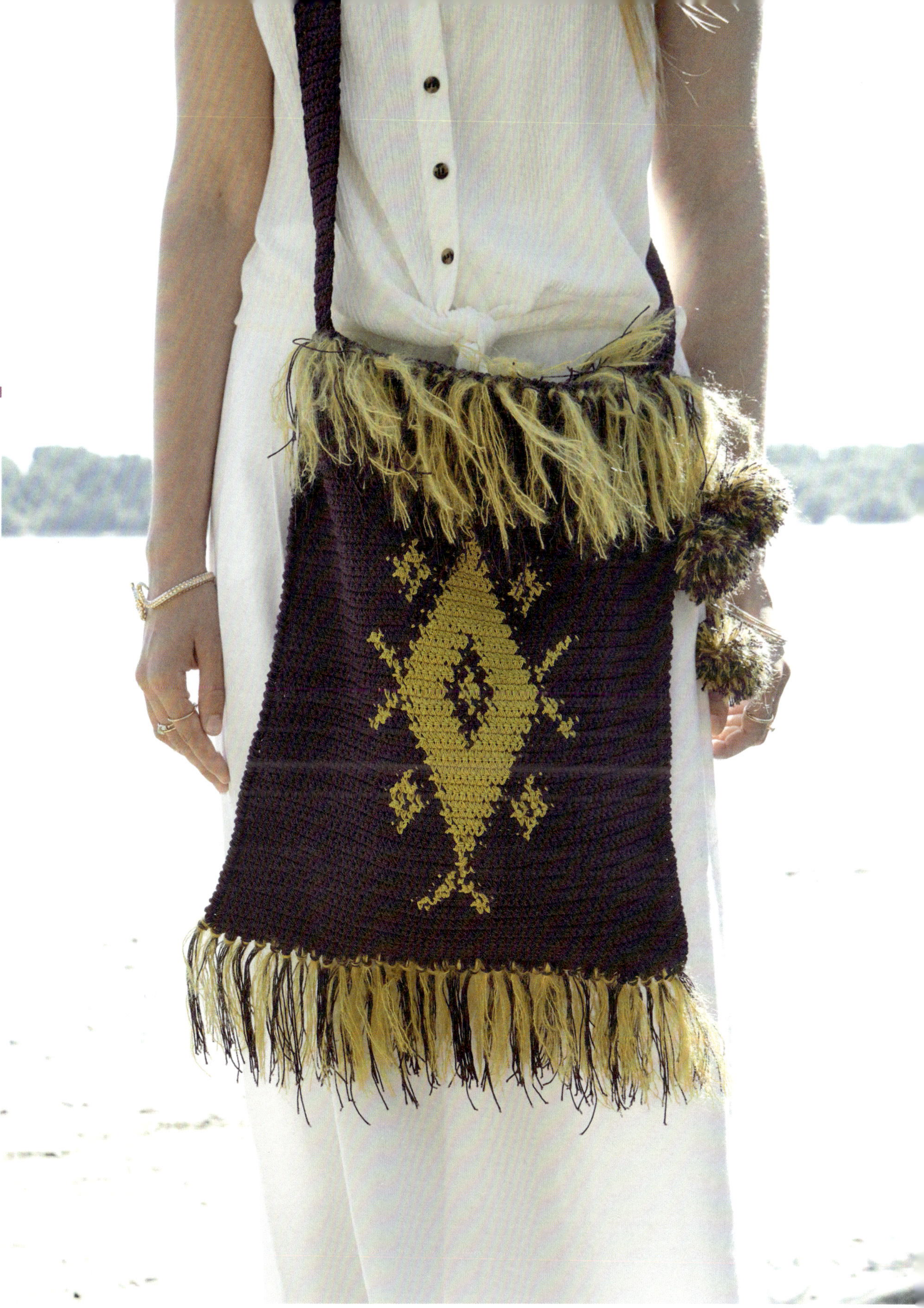

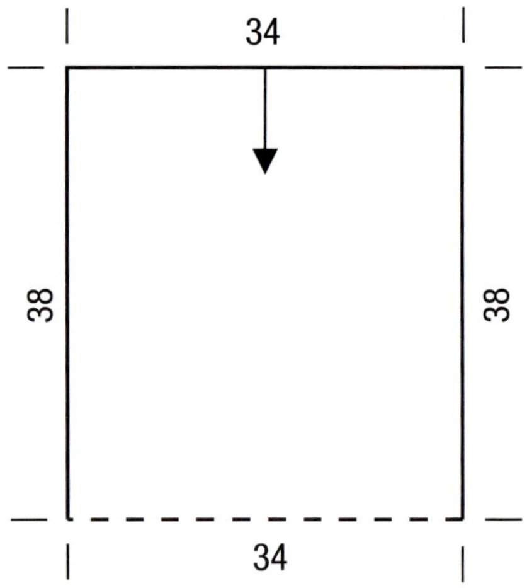

Tasche Hälfte

SO WIRD'S GEMACHT

Die Tasche wird doppelfädig in einem Stück und in Reihen gehäkelt. Man beginnt am oberen Taschenrand der Rückseite. Der Pfeil in der Schnittzeichnung gibt die Häkelrichtung an.
65 Luftmaschen plus 1 Wendeluftmasche mit Häkelnadel 4 mm in Capri Aubergine doppelfädig anschlagen und feste M häkeln. Nach 38 cm ist der Taschenboden erreicht. Einen Effektfaden als Markierung über die gesamte Breite durchziehen. Entlang dieser Linie werden später Fransen eingeknüpft. Weiter geradeaus die Taschenvorderseite arbeiten. Nach 12 R ab der Markierung das Motiv nach Zählmuster in Jacquardtechnik einarbeiten: 1 Wendeluftmasche, 17 feste M Aubergine, 31 feste M Zählmuster, 17 feste M Aubergine. Die 1.–52. R 1x arbeiten, danach über alle M wieder in Aubergine weiterhäkeln. Nach 38 cm ab der Markierung Arbeit beenden.

Fertigstellung
Alle Fäden vernähen. Tasche spannen, anfeuchten und trocknen lassen. Tasche zur Hälfte legen. Von der Außenseite her die Seitennähte mit Häkelnadel 4 mm mit 1 R festen M in Capri Aubergine doppelfädig zusammenhäkeln, dann noch 1 R Krebsmaschen (= feste M von links nach rechts) darüberhäkeln. Anschließend den oberen Taschenrand mit 1 Rd Krebsmaschen in Capri Aubergine doppelfädig umhäkeln. Arbeit beenden.

Trageband
Mit Häkelnadel 4 mm in Capri Aubergine doppelfädig auf der Tascheninnenseite, beidseitig der Seitennaht, je 4 feste M herausḧäkeln = 8 feste M. Feste M geradeaus häkeln und jede R mit 1 Wendeluftmasche beginnen. Nach 47 cm, oder der gewünschten halben Länge des Tragebandes, Arbeit beenden. 2. Band an der anderen Tascheninnenseite anhäkeln und ebenso arbeiten. Nach 47 cm, oder der gewünschten halben Länge, dieses Band mit dem zuerst gehäkelten Band mit Kettmaschen zusammenhäkeln. Fäden vernähen.

Zählmuster

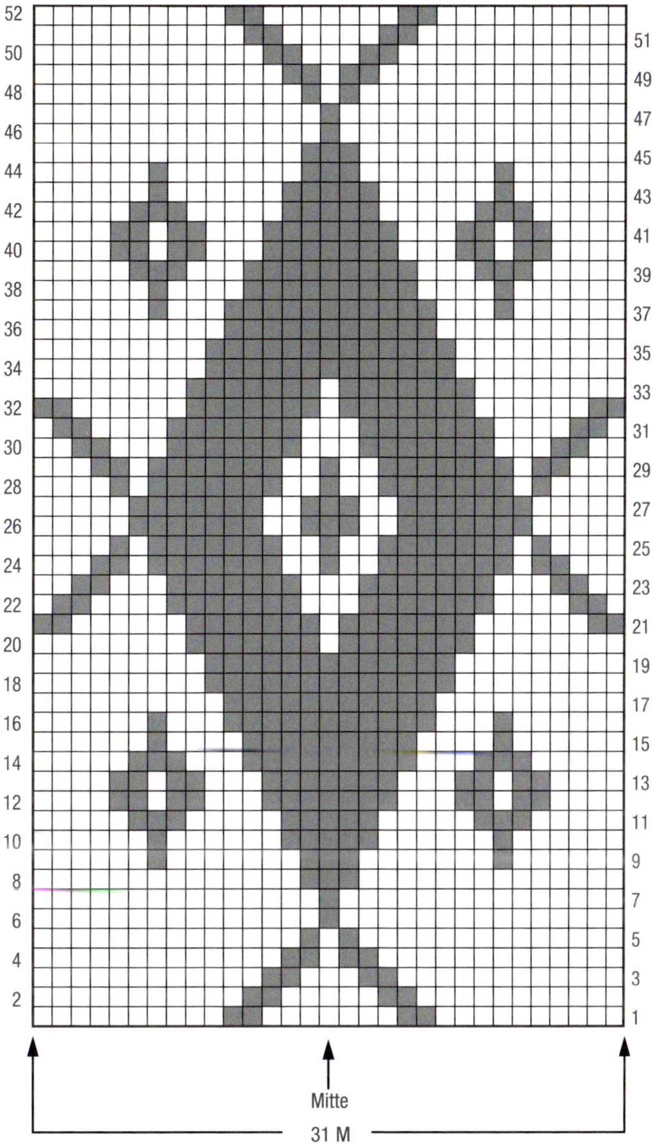

☐ = 1 feste M in Capri Aubergine

■ = 1 feste M in Capri Senfgelb

Fransen und Pompons
Pro Franse 4 Fäden Capri Aubergine und 4 Fäden Silkhair Curry à 18 cm lang zuschneiden. Die 8 Fäden zur Hälfte legen und mit Hilfe der Häkelnadel 4 mm in dichter Folge in den markierten Taschenboden und rund um den oberen Taschenrand, unterhalb des umhäkelten Randes aus Krebsmaschen, einziehen. Mit dem Pomponmaker, Ø 5 cm, 3 Pompons in Capri Aubergine und Silkhair Curry gemischt anfertigen. Pompons in Capri abbinden. Luftmaschen-Kette in Silkhair Curry mit Häkelnadel 3,5 mm häkeln: 2x 20 cm, 1x 18 cm. In den Abbindefaden der Pompons je 1 Luftmaschen-Kette zu Hälfte einziehen. Die Enden jeder Luftmaschen-Kette am oberen Rand einer Taschenseite auf die Innenseite durchziehen und miteinander verknoten.

Pantoffel

Entspannung pur in diesen gemütlichen Pantoffeln mit Espadrilles-Sohle. Das Jacquardmuster der Tasche wird hier einfädig mit festen Maschen gehäkelt. Ein kleines Kunstwerk, aber mit ein wenig Geduld nach Zählmuster ganz einfach zu arbeiten.

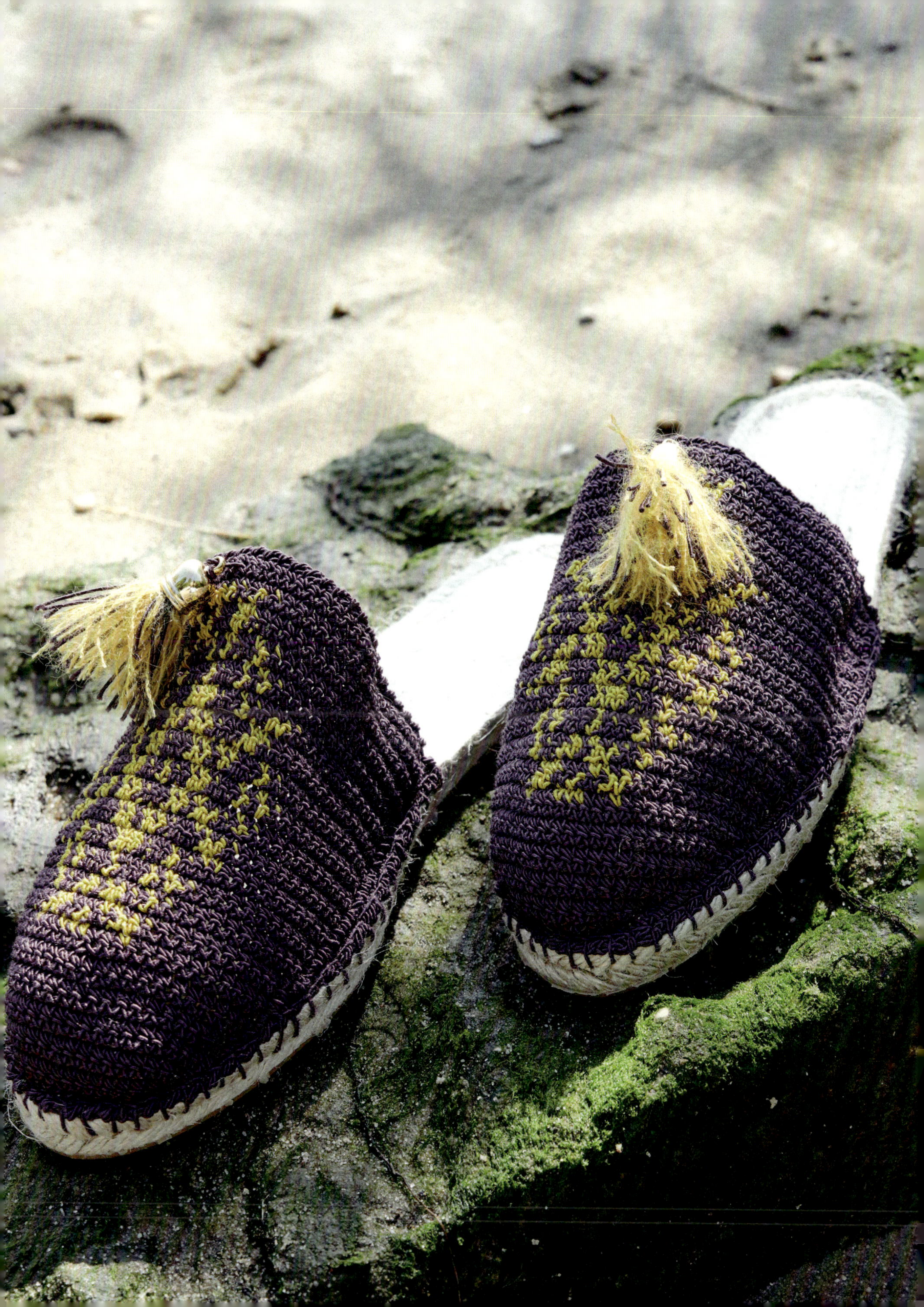

Pantoffel

Espadrilles auf marokkanisch

GRÖSSE

38, 39 und 40

Die Angaben für die größeren Größen stehen hintereinander in Klammern. Steht nur eine Angabe, so gilt diese für alle Größen.

MATERIAL

Lana Grossa Capri (55 % Baumwolle, 30 % Polyamid, 15 % Seide, LL = 150 m/50 g); 50 g Aubergine (Farbe 9) und 50 g Senfgelb (Farbe 22) und Lana Grossa Silkhair (70 % Mohair, 30 % Seide, LL = 210 m/25 g); 25 g Curry (Farbe 160); Häkelnadel 3 mm; von PRYM: Espadrilles Sohlen in Gr. 38 (39 / 40), Tassel/Gold, Artikel 615 851, Ø 10 mm, 2 Stück, KWAST Maker, Artikel 624 191; 1 Nähnadel zum Annähen der Sohlen; Klebstoff; Vernähnadel.

MASCHENPROBE

Feste M in Capri einfädig mit Häkelnadel 3 mm: 28 Maschen x 30 Reihen = 10 cm x 10 cm

MUSTER

Feste M

Je R mit 1 Wendeluftmasche beginnen.

Motiv (= 21 M)

Siehe Zählmuster. Es sind Hin- und Rückreihen gezeichnet. Die 1.–28. R 1x arbeiten. In Jacquardtechnik arbeiten: den Faden der Farbe, die nicht gebraucht wird, auf der Rückseite der Arbeit mitführen. Die festen Maschen der anderen Farbe um den mitgeführten Faden häkeln.

Wichtig: Darauf achten, dass die eingehäkelten Fäden gleichmäßig gespannt sind. Durch diese Technik sind keine Spannfäden sichtbar. Dieses Muster eignet sich super auch für Tischsets, da es von beiden Seiten verwendbar ist.

Zählmuster

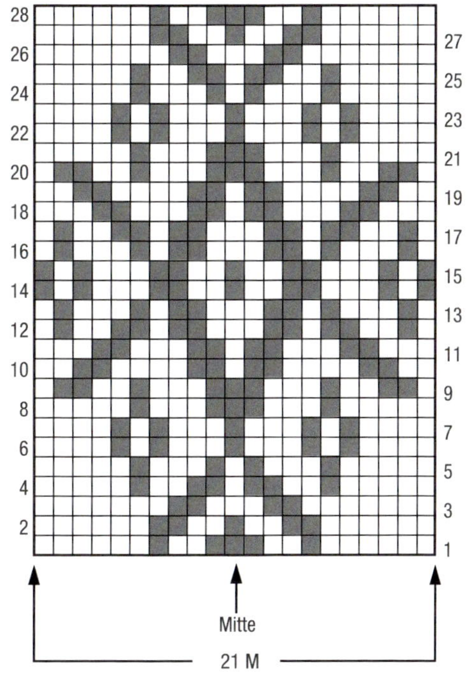

☐ = 1 feste M in Capri Aubergine

■ = 1 feste M in Capri Senfgelb

SO WIRD'S GEMACHT

Man beginnt an der Spitze der Schuhkappe. 11 (13/15) Luftmaschen plus 1 Wendeluftmasche in Aubergine anschlagen. Feste M häkeln und für die Rundung in jeder R 4x 1 M, in jeder 2. R 9x 1 M und in jeder 4. R 2x 1 M beidseitig zunehmen = 41 (43/45) M. Für die Zunahmen nach der 1. M der R beziehungsweise vor der letzten M der R 1 M verdoppeln = 2 feste M in eine M häkeln. Gleichzeitig in der 9. (11./13.) R über die mittleren 21 M das Motiv nach Zählmuster in Jacquardtechnik einarbeiten, die M beidseitig davon weiter in Aubergine häkeln. Die 1.–28. R 1x arbeiten, danach über alle M wieder in Aubergine weiterhäkeln. Nach insgesamt 38 (40/42) R noch 1 R Krebsmaschen (= feste M von links nach rechts), dann Arbeit beenden. 2. Schuhkappe ebenso häkeln.

Fertigstellung

Alle Fäden vernähen. Schuhkappen spannen, anfeuchten und trocknen lassen. Schuhkappen im Knopflochstich in Aubergine an die Espadrilles-Sohlen nähen. Mit dem KWAST Maker auf der kleinsten Einstellung 2 Quasten mit je 1 Faden Capri Aubergine und Silkhair Curry anfertigen. Quasten mit etwas Klebstoff in die Tassel kleben. Tassel mittig am oberen Rand der Schuhkappen annähen.

Schmink-tasche

Ein echter Heartbreaker! Schminksachen, Stifte und allerhand kleiner Krimskrams finden darin Platz. Außerdem ist es ein tolles Geschenk für einen lieben Menschen. Du häkelst bunte Ringel in Runden mit festen Maschen. Noch schnell Häkelblüten und Glitzersteinchen anbringen und den Reißverschluss einnähen. Fertig!

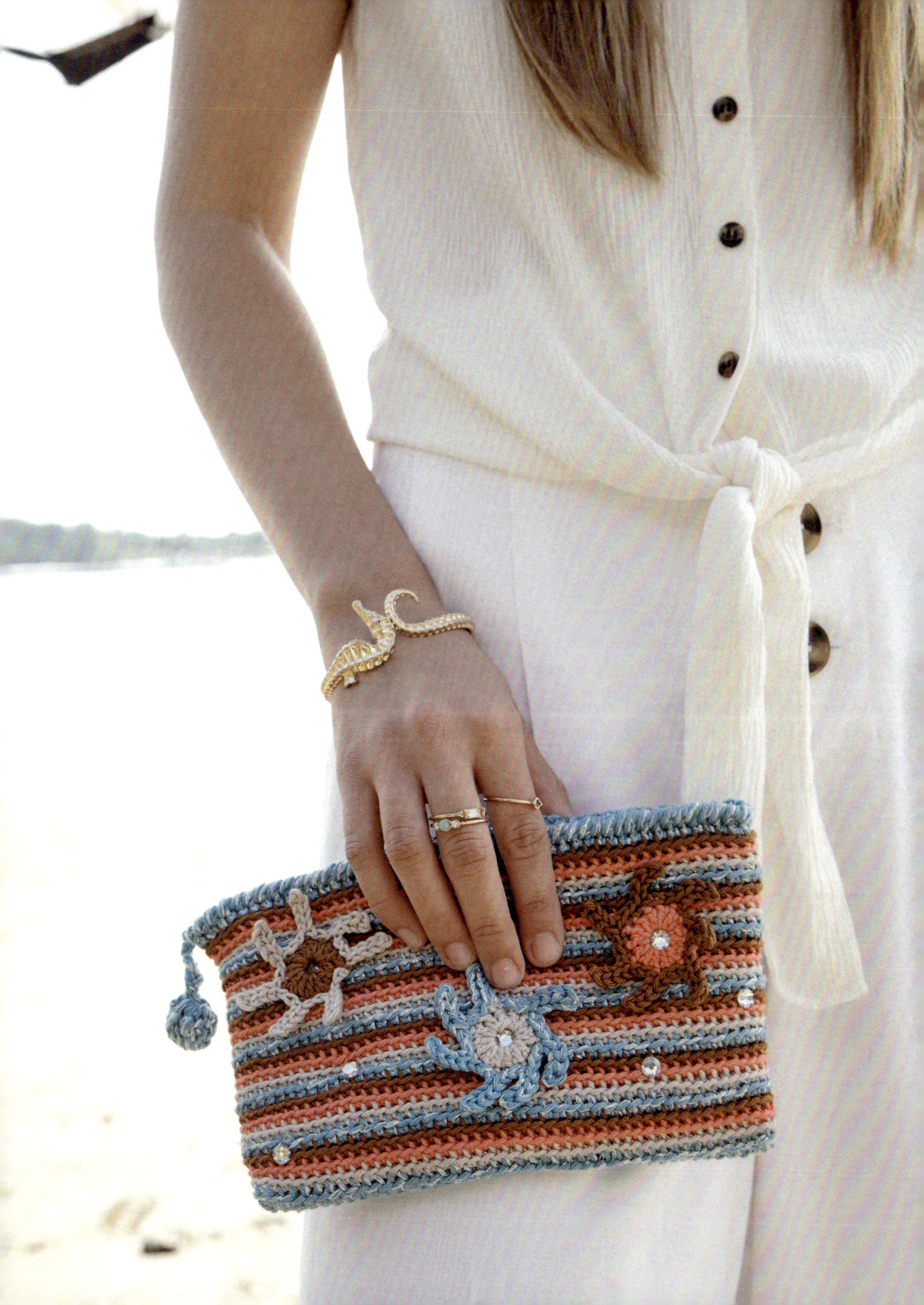

Schminktasche

Blüten & Glitzersteinchen

GRÖSSE
20 cm x 12 cm, Breite x Höhe

MATERIAL
Lana Grossa Cotone (100% Baumwolle, LL = 125 m/50 g); 50 g Hellpetrol (Farbe 43), 50 g Beige (Farbe 26), 50 g Azalee (Farbe 82) und 50 g Braun (Farbe 37) und Lana Grossa Brillino (83% Viskose, 17% Metallische Faser (Lurex), LL = 200 m/25 g); 25 g Pastellgrün/Silber (Farbe 11); 1 Häkelnadel 3,5 mm und 4 mm, 9 Glitzersteinchen zum Aufstecken von PRYM, Creativ-Decor Artikel 403 365, Ø 7 mm, 1 Reißverschluss von PRYM, Beige, 20 cm lang; Vernähnadel

MASCHENPROBE
Feste M mit Häkelnadel 4 mm:
21 Maschen x 20 Reihen/Runden = 10 cm x 10 cm

MUSTER
HINWEIS: Hellpetrol und Brillino werden stets zusammen, mit je 1 Faden Hellpetrol und 1 Brillino, verarbeitet!

Feste Maschen
In Rd feste M häkeln, dabei stets in das halbe hintere Maschen-Glied einstechen. Jede Rd beginnt mit 1 Wendeluftmasche und endet mit 1 Kettmasche in die Wendeluftmasche.

Streifenfolge
* 1 Rd Beige, 1 Rd Azalee, 1 Rd Braun, 1 Rd Hellpetrol und Brillino; ab * stets wiederholen.

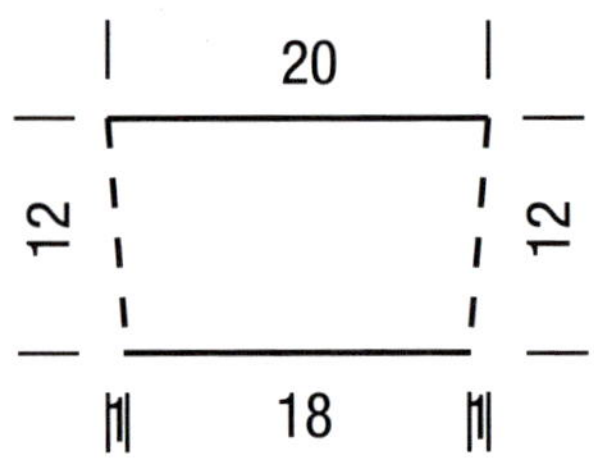

SO WIRD'S GEMACHT

Das Täschchen wird in Runden gehäkelt. 36 Luftmaschen mit Häkelnadel 4 mm doppelfädig in Hellpetrol und Brillino anschlagen. **1.Rd:** 1 Wendeluftmasche, 2 feste M in die 1. Luftmasche, 34 feste M, in die letzte Luftmasche 4 feste M, auf der Unterseite der Anschlagsreihe 34 feste M, 2 feste M in die letzte Luftmasche. Mit 1 Kettmasche in die Wendeluftmasche die Rd schließen = 76 M. Rundenbeginn und Rundenmitte markieren. Ab der 2. Rd feste M in Rd und nach Streifenfolge arbeiten. Für die Seitenschräge in der 8. Rd die 2. M nach und vor Rundenbeginn beziehungsweise vor und nach Rundenmitte verdoppeln = 4 zugenommene M. Die Zunahmen in der folgenden 8. Rd wiederholen = 84 M. In etwa 12 cm Gesamthöhe beziehungsweise nach 1 Rd Braun als Abschluss in Hellpetrol und Brillino wie folgt arbeiten: **1. Rd:** 1 Wendeluftmasche, feste M, dabei in das ganze Maschenglied einstechen. Die Rd mit 1 Kettmasche in die Wendeluftmasche schließen. **2. Rd:** 1 Wendeluftmasche, Krebsmaschen (= feste M von links nach rechts). Die Rd mit 1 Kettmasche in die Wendeluftmasche schließen. Arbeit beenden.

Blume (3 x)

Die Farben für die einzelnen Blumen stehen durch einen Schrägstrich getrennt hintereinander in Klammern. 1 Luftmasche in Braun (Beige/Azalee) mit Häkelnadel 3,5 mm anschlagen. **1. Rd:** 3 Wendeluftmaschen, 13 Stäbchen in die 1. Luftmasche, 1 Kettmasche in die letzte Wendeluftmasche. **2. Rd:** Beige (Hellpetrol und Brillino/Braun) * 1 Kettmasche in das Stäbchen der 1. Rd, 5 Luftmaschen, in die 2., 3., 4. und 5. Luftmasche ab Nadel je 1 Kettmasche, 1 Kettmasche in das nächste Stäbchen der 1. Rd; ab * noch 5x wiederholen, 1 Kettmasche in das Stäbchen der 1. Rd, 5 Luftmaschen, in die 2., 3., 4. und 5. Luftmasche ab Nadel je 1 Kettmasche, Arbeit beenden. Faden abschneiden und durch die 1. Kettmasche ziehen. Damit ist die Rd geschlossen. Fäden vernähen.

Noppe

Die Noppe besteht aus zwei aneinandergehäkelten Halbkugeln, die umgeklappt eine Noppe ergeben. 5 Luftmaschen doppelfädig in Hellpetrol und Brillino mit Häkelnadel 3,5 mm anschlagen, dabei darauf achten, dass der Anfangsfaden etwa 24 cm lang bleibt. * 7 halb abgemaschte doppelte Stäbchen in die 1. Luftmasche häkeln, Faden holen und alle auf der Nadel liegenden Schlingen zusammen abmaschen, 1 Kettmasche. Die erste Halbkugel ist fertig. Für die 2. Halbkugel 4 Luftmaschen häkeln und 7 halb abgemaschte doppelte Stäbchen in die Kettmasche, Faden holen und alle auf der Nadel liegenden Schlingen zusammen abmaschen, 1 Kettmasche. Die 2. Halbkugel ist fertig. Nun 1 Kettmasche in die Anfangs-Luftmasche. Beide Halbkugeln bilden nun eine Noppe. Mit dem Anfangs- und Endfaden, = 4-fädig, 5 Luftmaschen häkeln, dann Arbeit beenden. Endfäden lang lassen.

Fertigstellung

Alle Fäden vernähen. Täschchen spannen, anfeuchten und trocknen lassen. Reißverschluss einnähen. Noppe mit den Endfäden an der Schließe des Reißverschlusses mit mehreren Knoten befestigen. Blumen auf der Vorderseite anordnen und mit Nähgarn entlang der Stäbchen-Rd aufnähen. In die Blütenmittelpunkte je ein Glitzersteinchen anbringen, die restlichen Glitzersteinchen auf der Vorderseite verteilen.

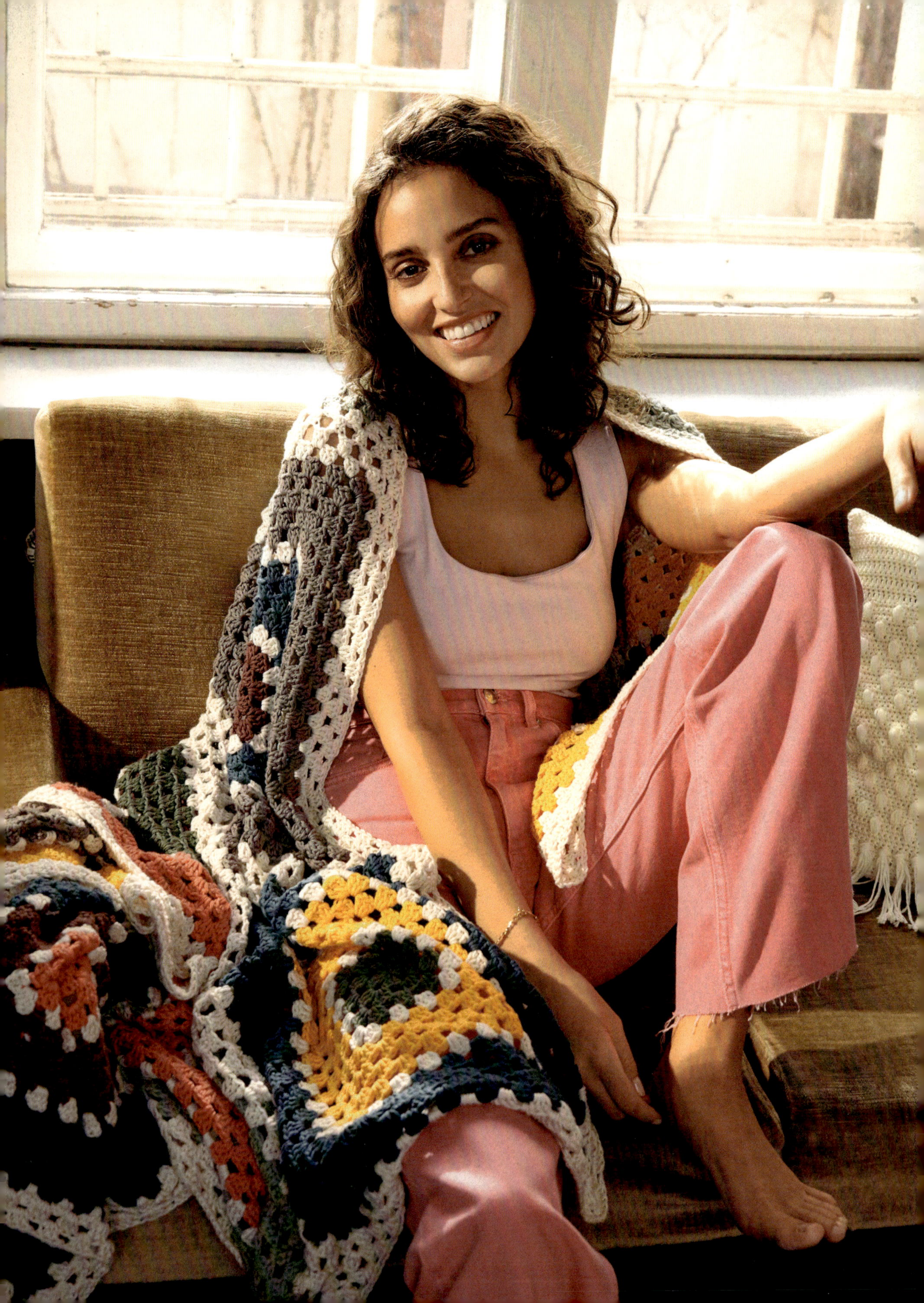

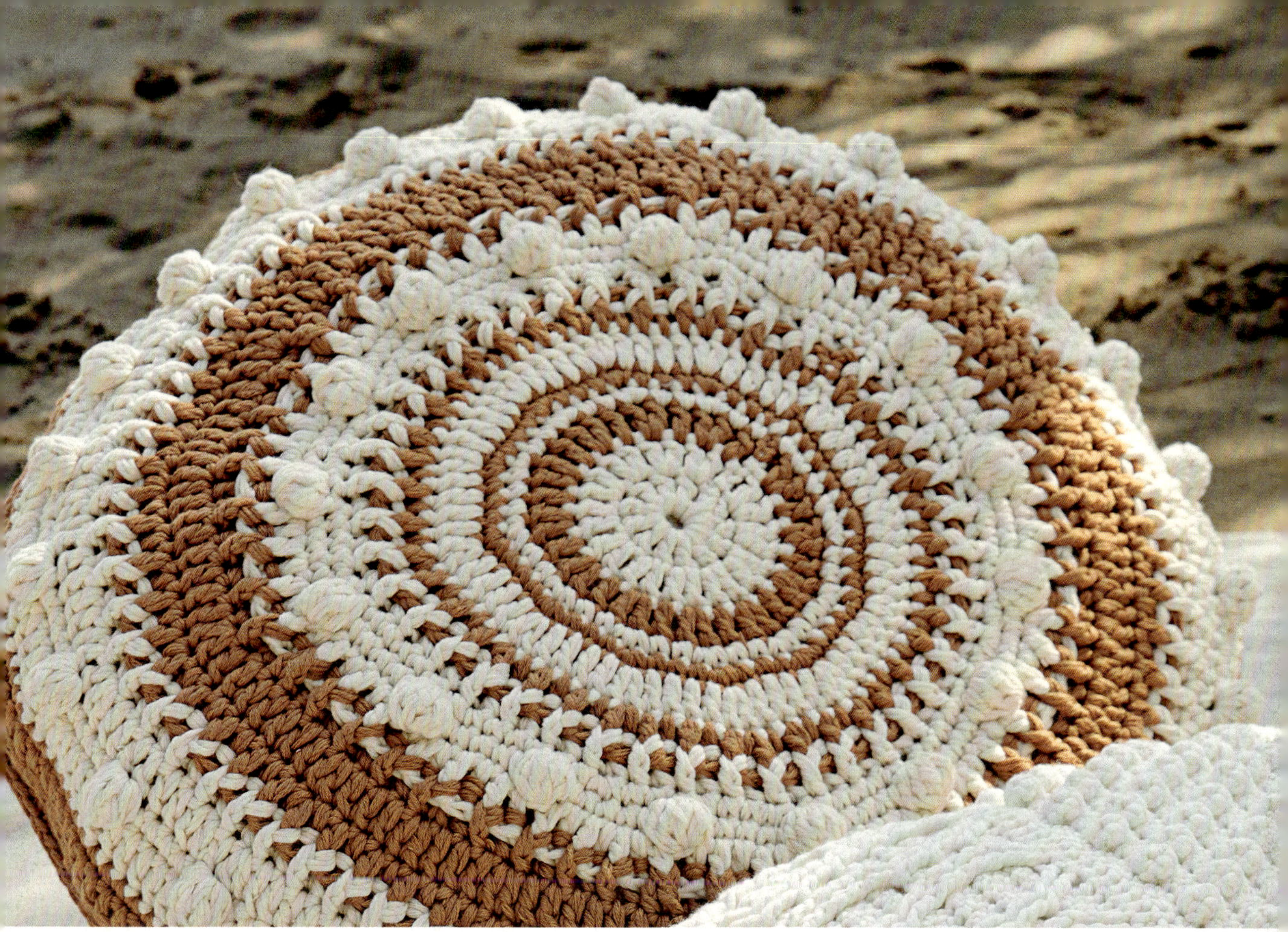

Home

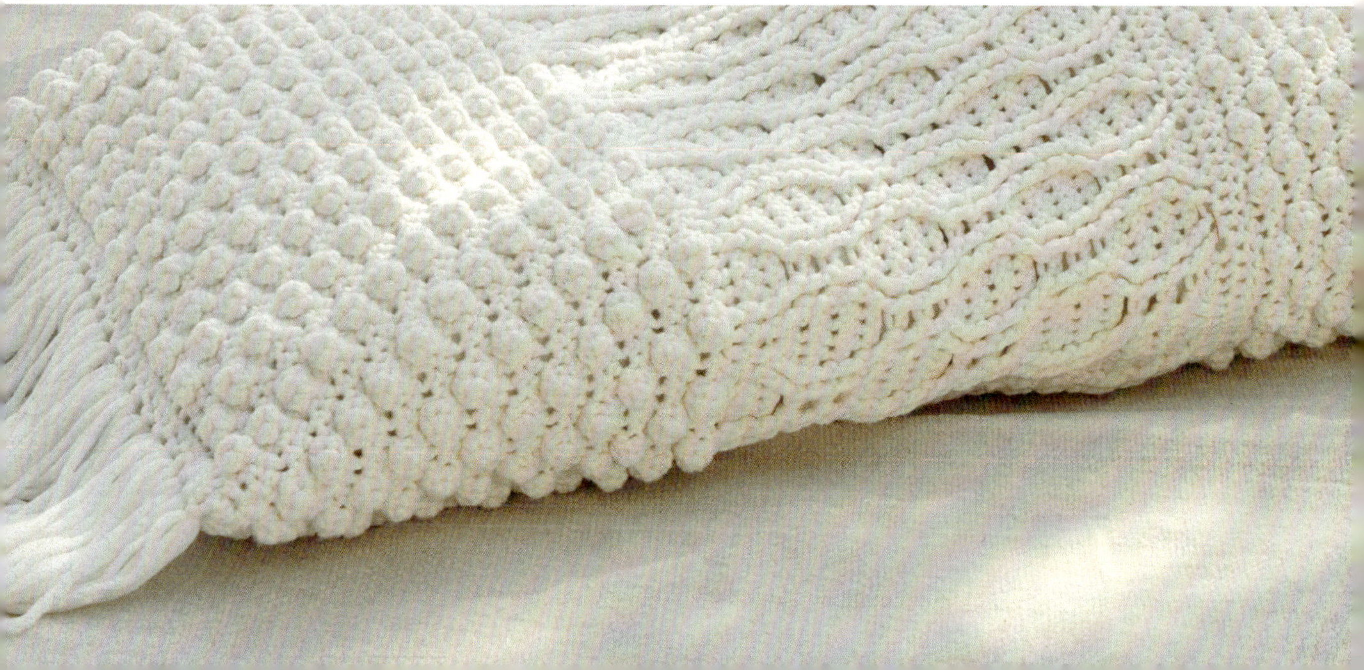

Kissen

Reliefstäbchen, Noppen und Fransen in Kombination mit diesem edlen Garn – das ist relaxen in edelster Form. Das Kissen geht mit Häkelnadel Nr. 6 schnell voran. Boho-Look im Wohnzimmer? Ja, unbedingt! In Runden gehäkelt wächst der Pouf von innen nach außen.

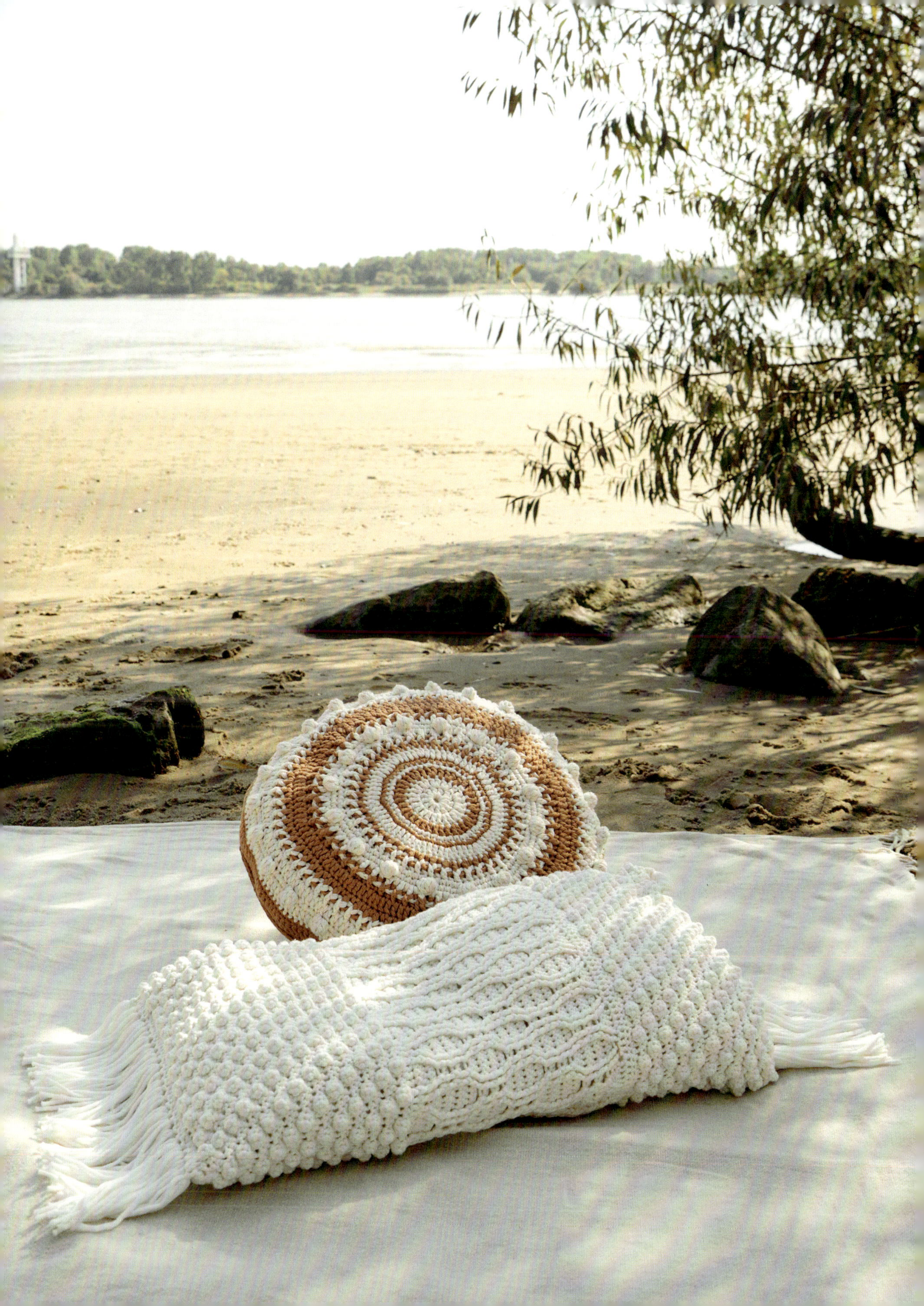

Kissen

Relaxen in edelster Form

GRÖSSE
37 cm x 57 cm, Breite x Länge
HINWEIS: Kissenhüllen passen besser, wenn sie ca. 2–3 cm kleiner sind als die Kissenfüllung!

MATERIAL
Lana Grossa Cashseta (40 % Modal, 30 % Polyamid, 15 % Kaschmir, 15 % Seide, LL = 100 m/50 g), 600 g Rohweiß (Farbe 8); 1 Häkelnadel 5 mm und 6 mm; 1 Kissenfüllung 40 cm x 60 cm; Vernähnadel

MASCHENPROBE
Noppenmuster mit Häkelnadel 5 mm:
15,5 Maschen x 18 Reihen = 10 cm x 10 cm
Wabenmuster mit Häkelnadel 5 mm:
15,5 Maschen x 16,5 Reihen = 10 cm x 10 cm

MUSTER
Noppenmuster
Maschenzahl teilbar durch 4 + 3 + 2 Wendeluftmaschen. Die Anzahl an Wendeluftmaschen variiert in den Reihen je nach Maschengröße. Nach Häkelschrift 1 arbeiten. Es sind Hin- und Rückreihen gezeichnet. Die Maschen sind so bezeichnet, wie sie gearbeitet werden. In den Hinreihen mit den M vor dem rechten Pfeil beginnen, den Rapport zwischen den Pfeilen stets wiederholen und mit den M nach dem linken Pfeil enden. In den Rückreihen die M entsprechend von links nach rechts lesen. Die 1.–5. R 1x arbeiten, dann die 2.–5. R stets wiederholen.

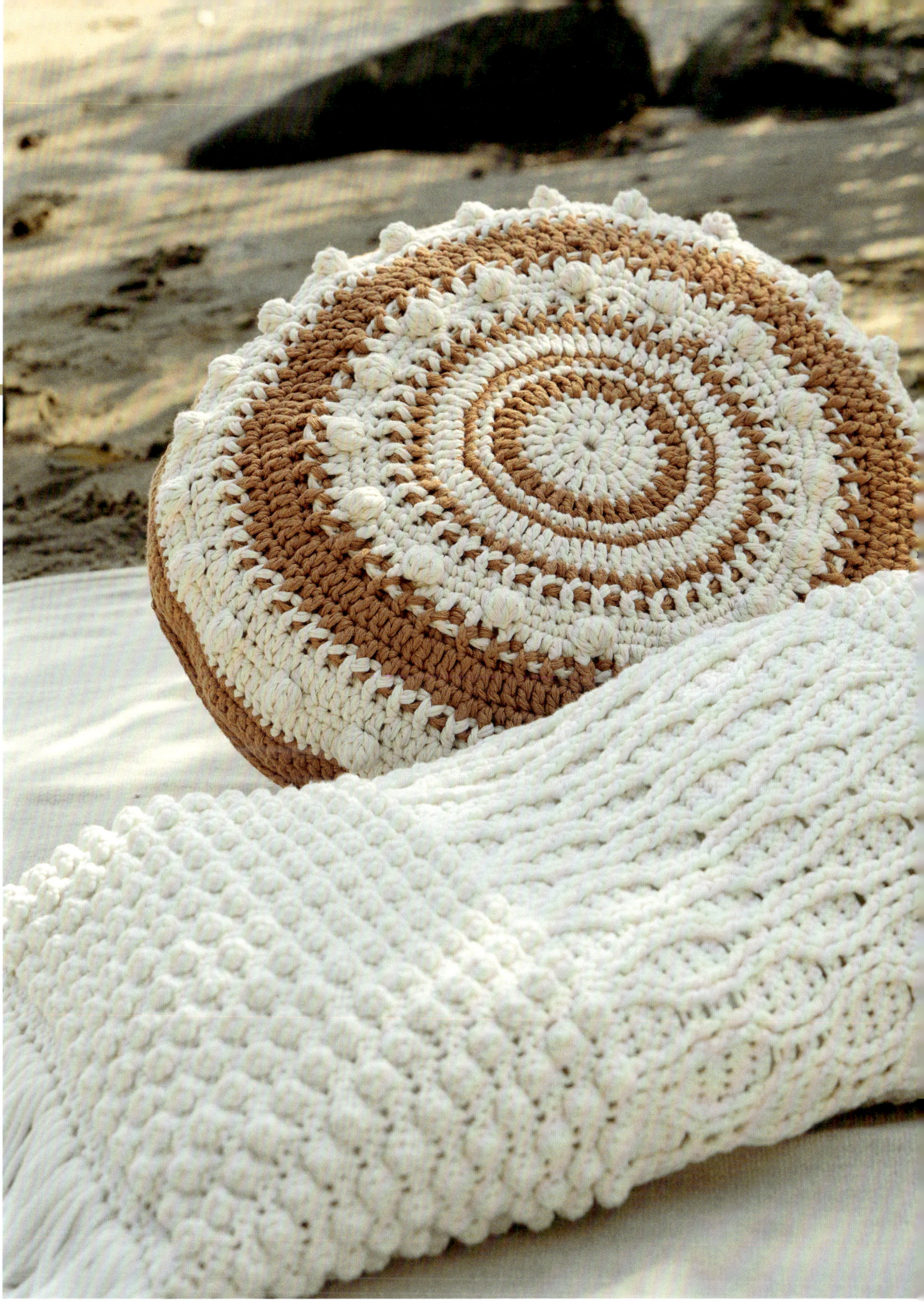

Häkelschrift 1

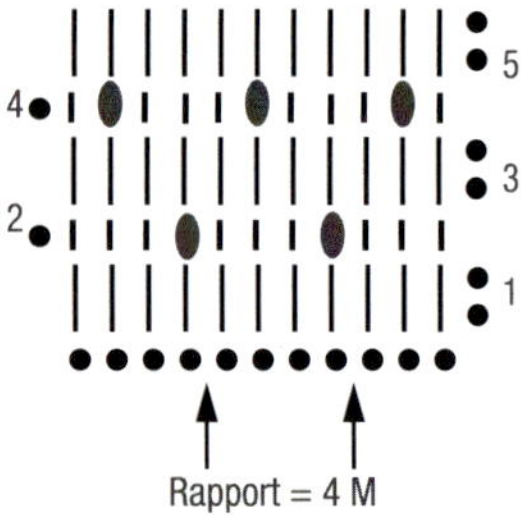

- • = 1 Luftmasche
- ı = 1 feste Masche
- | = 1 halbes Stäbchen
- † = 1 Stäbchen
- ⬮ = 1 Noppe: 3 zusammen abgemaschte doppelte Stäbchen in einer Einstichstelle
- = 1 Reliefstäbchen von vorne (= 1 Umschlag auf die Nadel nehmen, von vorne nach hinten und wieder nach vorne um das Stäbchen der vorletzten Reihe herumstechen und 1 Stäbchen häkeln)
- = 1 doppeltes Reliefstäbchen von vorne (= 2 Umschläge auf die Nadel nehmen, von vorne nach hinten und wieder nach vorne um das Reliefstäbchen der vorletzten Reihe herumstechen und 1 doppeltes Stäbchen häkeln)

Wabenmuster
Maschenzahl teilbar durch 8 + 1 + 3 Wendeluftmaschen. Die Anzahl an Wendeluftmaschen variiert in den Reihen je nach Maschengröße. Nach Häkelschrift 2 arbeiten. Es sind Hin- und Rückreihen gezeichnet. Die Maschen sind so bezeichnet, wie sie gearbeitet werden. In den Hinreihen mit den M vor dem rechten Pfeil beginnen, den Rapport zwischen den Pfeilen stets wiederholen und mit den M nach dem linken Pfeil enden. In den Rückreihen die M entsprechend von links nach rechts lesen. Die 1.–13. R 1x arbeiten, dann die 2.–13. R stets wiederholen.

SO WIRD'S GEMACHT

Das Kissen wird quer und in einem Stück gehäkelt. Der Pfeil in der Schnittzeichnung gibt die Häkelrichtung an. Damit die Kissenfüllung die Kissenhülle gut ausfüllt, sind die Maße der Kissenhülle in Breite und Länge etwa 3 cm kleiner als die Kissenfüllung.
115 Luftmaschen plus 2 Wendeluftmaschen mit Häkelnadel 5 mm anschlagen. Im Noppenmuster nach Häkelschrift 1 arbeiten: Laut Häkelschrift 1 beginnen, 27x den Rapport wiederholen, laut Häkelschrift 1 enden. Nach 17 cm mit der 2. oder 4. R enden. Im Wabenmuster laut Häkelschrift 2 weiterhäkeln, dabei in der 1. R 2x 2 M zusammen abmaschen = 113 M: Laut Häkelschrift 2 beginnen, 13x den Rapport wiederholen, laut Häkelschrift 2 enden. Die 1.–13. R 1x arbeiten, die 2.–13. R 2x arbeiten, dann 1x die 1. R arbeiten, dabei verteilt 2x 1 Stäbchen verdoppeln = 115 M. In 40 cm Gesamthöhe, = nach 38 R Wabenmuster, wieder im Noppenmuster wie zuvor arbeiten. Nach weiteren 17 cm, = 59 cm Gesamthöhe, Arbeit beenden.

Häkelschrift 2

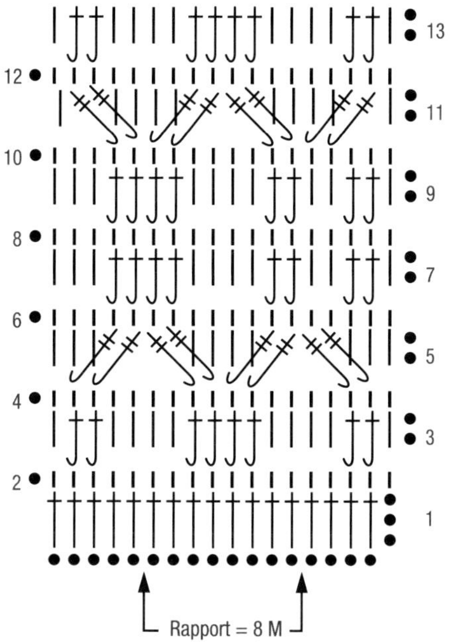

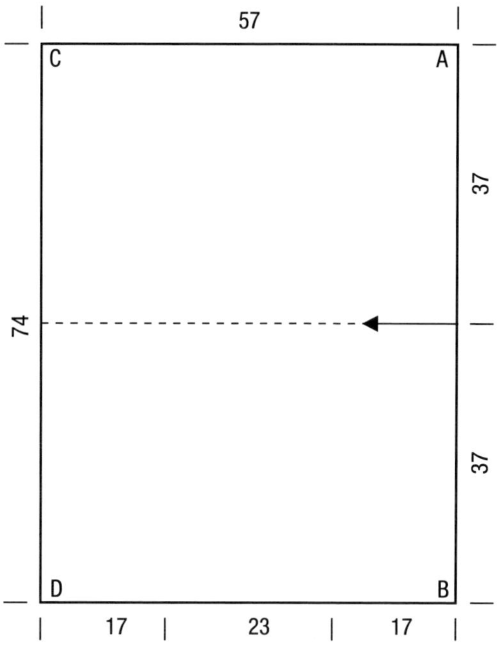

Kissen
Schnittzeichnung 1

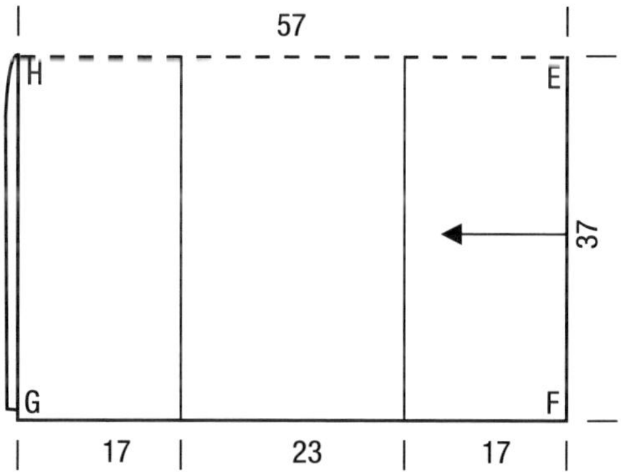

Kissen
Schnittzeichnung 2

Fertigstellung
Alle Fäden vernähen. Kissen spannen, anfeuchten und trocknen lassen. Kissenteil so zur Hälfte legen, dass die Seitenränder aufeinanderliegen, **siehe Schnittzeichnung 1:** A auf B und C auf D. Die aufeinanderliegenden Seitenränder zusammennähen, siehe Schnittzeichnung 2: Naht zwischen F und G. An einer Schmalseite die Ränder mit festen M von außen zusammenhäkeln, **siehe Schnittzeichnung 2:** Naht zwischen E und F. An der anderen Schmalseite nur die Hälfte des Randes mit festen M behäkeln, **siehe Schnittzeichnung 2:** Zwischen H und G. Die andere Hälfte bleibt unbehäkelt. Jetzt für die Fransen pro Franse 3 Fäden 30 cm lang zuschneiden. Fäden zur Hälfte legen und mit Hilfe der Häkelnadel 6 mm in die **behäkelten** Ränder Fransen in dichter Folge einziehen. Fertige Fransenlänge ist etwa 14 cm. Kissenfüllung einlegen. Naht vollständig schließen.

Pouf

Ringelreihen mit Noppen

GRÖSSE

Ø 50 cm
Fertige Größe des gehäkelten Poufs:
Ø 47 cm, Umfang 148 cm
Damit die Füllung die Kissenhülle gut ausfüllt, ist die Kissenhülle im Durchmesser 3 cm kleiner als die Füllung.

MATERIAL

Lana Grossa Organico (100 % Bio Baumwolle, LL = 90 m/50 g), 300 g Ecru (Farbe 6) und 250 g Gelbbraun (Farbe 133); 1 Häkelnadel 5 mm, 1 Füllung Ø 50 cm; Vernähnadel

MASCHENPROBE

Stäbchen doppelfädig mit Häkelnadel 5 mm: 13 Maschen x 9 Reihen/Runden = 10 cm x 10 cm

MUSTER

Stäbchen in Runden
Jede Rd mit 3 Wendeluftmaschen als Ersatz für das 1. Stäbchen beginnen. Jede Rd mit 1 Kettmasche in die letzte Wendeluftmasche schließen.

Fe M in Runden
Jede Rd mit 1 Wendeluftmasche beginnen. Jede Rd mit 1 Kettmasche in die Wendeluftmasche schließen.

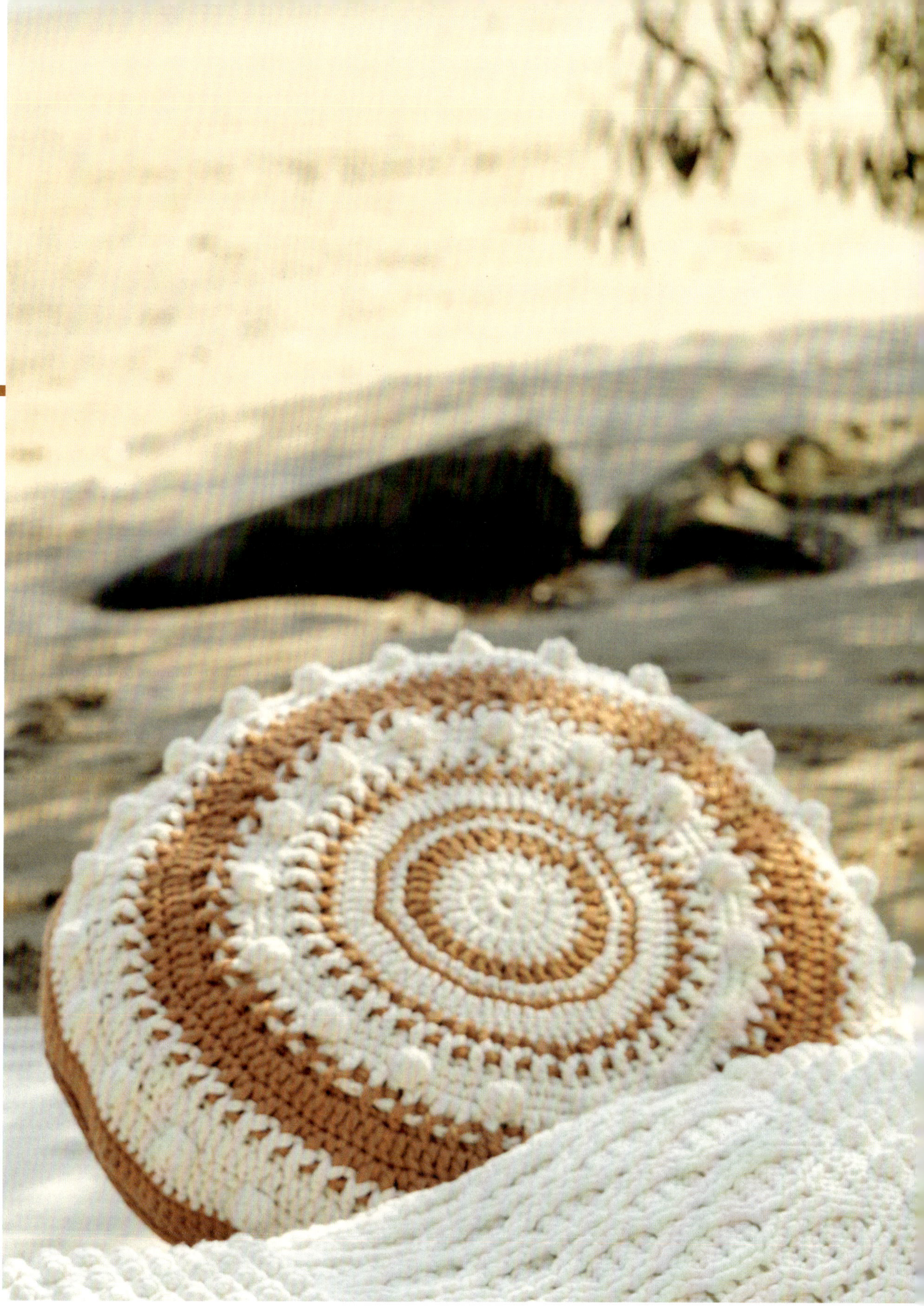

SO WIRD'S GEMACHT

Der Pouf besteht aus zwei runden Scheiben und wird stets doppelfädig mit je 2 Fäden der gleichen Farbe gehäkelt! Man beginnt in der Mitte der Oberseite.

6 Luftmaschen mit Häkelnadel 5 mm in Ecru doppelfädig anschlagen, mit 1 Kettmasche in die 1. Luftmasche zur Runde schließen.

1. Rd: Ecru, 3 Wendeluftmaschen, 12 Stäbchen in den Ring. Diese Rd und jede weitere Rd mit 1 Kettmasche in die letzte Wendeluftmasche schließen.

2. Rd: Ecru, 3 Wendeluftmaschen, Stäbchen häkeln und jede M verdoppeln = 24 M.

3. Rd: Gelbbraun, 3 Wendeluftmaschen, Stäbchen häkeln und jede 2. M verdoppeln = 36 M.

4. Rd: Ecru, 1 Wendeluftmasche, feste M häkeln und jede 3. M verdoppeln = 48 M.

5. Rd: Gelbbraun, 1 Wendeluftmasche, feste M häkeln und jede 4. M verdoppeln = 60 M.

6. Rd: Ecru, 3 Wendeluftmaschen, Stäbchen häkeln und jede 5. M verdoppeln = 72 M.

7. Rd: Gelbbraun, 3 Wendeluftmaschen, Stäbchen häkeln und jede 6. M verdoppeln = 84 M.

8. Rd: Ecru, 2 Wendeluftmaschen, * 1 Reliefstäbchen von hinten (= 1 Umschlag auf die Nadel nehmen, von hinten nach vorne und wieder nach hinten um das Stäbchen der Vor-Runde herumstechen und 1 Stäbchen häkeln), 1 Reliefstäbchen von vorne (= 1 Umschlag auf die Nadel nehmen, von vorne nach hinten und wieder nach vorne um das Stäbchen der Vor-Runde herumstechen und 1 Stäbchen häkeln); ab * stets wiederholen.

9. Rd: Ecru, 1 Wendeluftmasche, feste M häkeln und jede 7. M verdoppeln = 96 M.

10. Rd: Ecru, 1 Wendeluftmasche, * 3 feste M, 1 Noppe (= 5 halb abgemaschte Stäbchen in eine Einstichstelle. Faden holen und durch alle auf der Nadel liegenden Schlingen ziehen, mit 1 Kettmasche Noppe schließen), 2 feste M; ab * stets wiederholen.

11. Rd: Ecru, 3 Wendeluftmaschen, Stäbchen häkeln und jede 8. M verdoppeln = 108 M.

12. Rd: Gelbbraun, 2 Wendeluftmaschen, 1 Reliefstäbchen von hinten (= 1 Umschlag auf die Nadel nehmen, von hinten nach vorne und wieder nach hinten um das Stäbchen der Vor-Runde herumstechen und 1 Stäbchen häkeln) und jede 9. M verdoppeln = 120 M.

13. Rd: Gelbbraun, 3 Wendeluftmaschen, Stäbchen häkeln und jede 8. M verdoppeln = 135 M.

14. Rd: Gelbbraun, 3 Wendeluftmaschen, Stäbchen häkeln und jede 9. M verdoppeln = 150 M.

15. Rd: Ecru, 2 Wendeluftmaschen, * 1 Reliefstäbchen von hinten (= 1 Umschlag auf die Nadel nehmen, von hinten nach vorne und wieder nach hinten um das Stäbchen der Vor-Runde herumstechen und 1 Stäbchen häkeln), 1 Reliefstäbchen von vorne (= 1 Umschlag auf die Nadel nehmen, von vorne nach hinten und wieder nach vorne um das Stäbchen der Vor-Runde herumstechen und 1 Stäbchen häkeln); ab * stets wiederholen.

16. Rd: Ecru, 3 Wendeluftmaschen, Stäbchen häkeln und jede 10. M verdoppeln = 165 M.

17. Rd: Ecru, 1 Wendeluftmasche, * 3 feste M, 1 Noppe (= 5 halb abgemaschte Stäbchen in eine Einstichstelle. Faden holen und durch alle auf der Nadel liegenden Schlingen ziehen, mit 1 Kettmasche Noppe schließen), 1 feste M; ab * stets wiederholen.

18. Rd: Ecru, 3 Wendeluftmaschen, Stäbchen häkeln und jede 11. M verdoppeln = 180 M.

19. Rd: Gelbbraun, 1 Wendeluftmasche, feste M.

20. und 21. Rd: Gelbbraun, 3 Wendeluftmaschen, Stäbchen. Arbeit beenden. Die 2. Hälfte des Poufs, = Unterseite, ebenso arbeiten, anstelle der Noppen jedoch feste M häkeln und nach der 20. R die Arbeit beenden.

Fertigstellung

Alle Fäden vernähen. Ober- und Unterseite spannen, anfeuchten und trocknen lassen. Beide Hälften links auf links legen. In Gelbbraun doppelfädig mit Häkelnadel 5 mm beide Teile von der Außenseite her mit 1 Rd feste M zusammenhäkeln, dabei an einer Seite eine Öffnung zum Füllen lassen. Kissenfüllung einlegen. Restliche Naht vollständig schließen. Restliche Fäden vernähen.

Decke

Hippie-Flair pur! Die Kuscheldecke aus zwölf Granny-Squares in angesagten 70er Farben ist ganz einfach und wächst mit jedem gehäkelten Quadrat.

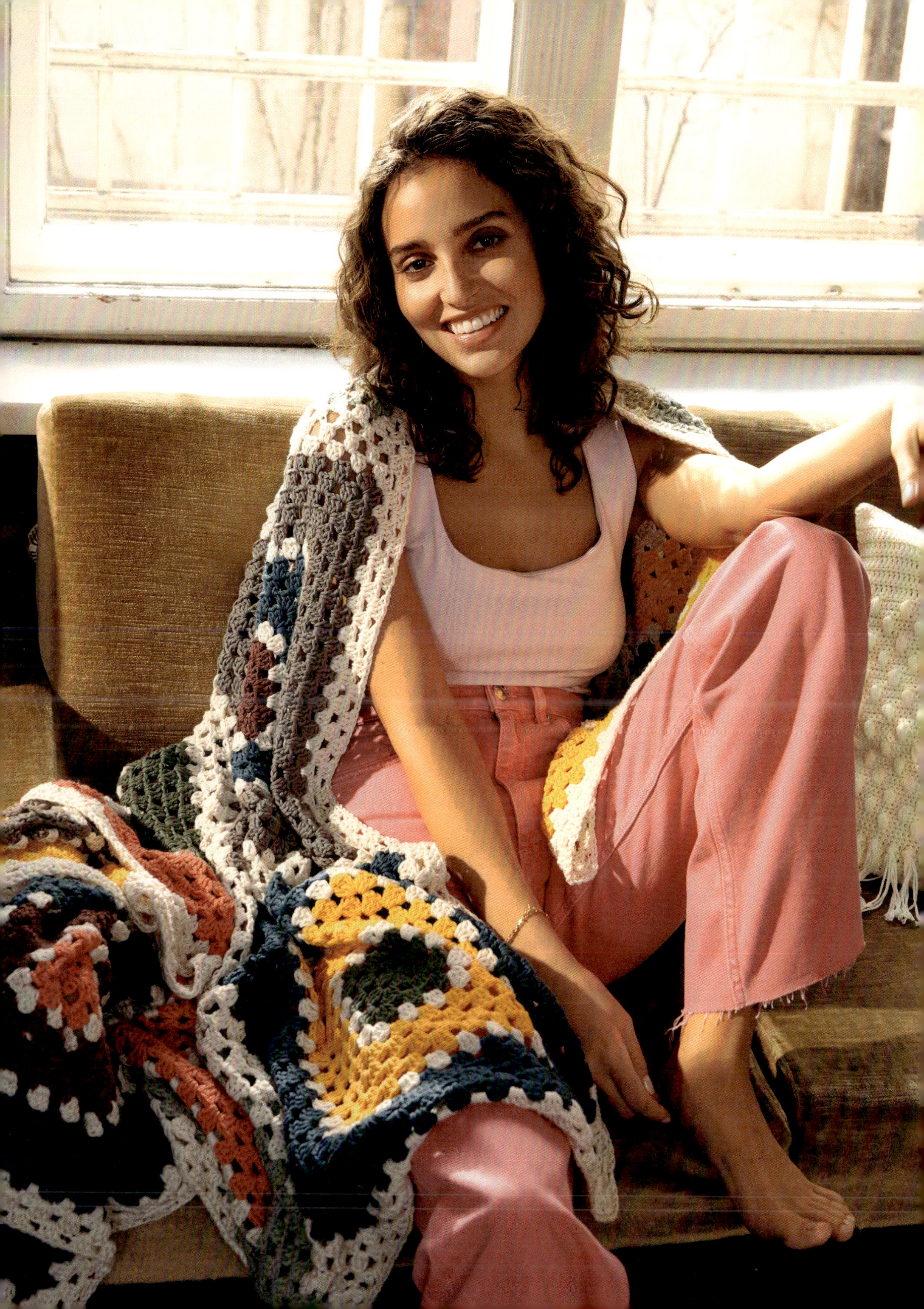

Decke

Hippie-Flair quadratisch

GRÖSSE
130 cm x 172 cm

MATERIAL
Lana Grossa Organico (100 % Bio Baumwolle, LL = 90 m/50 g); 600 g Ecru (Farbe 6), 200 g Dunkelpetrol (Farbe 79), 200 g Schilfgrün (Farbe 130), 200 g Graugrün (Farbe 89), 150 g Himbeer (Farbe 69), 150 g Sonnengelb (Farbe 123), 150 g Taupe (Farbe 3) und 150 g Marone (Farbe 117); Häkelnadel 5 mm; Vernähnadel

MASCHENPROBE
1 Granny Square mit Häkelnadel 5 mm:
15 Runden = 42 cm x 42 cm

MUSTER
Granny Square
Siehe Häkelschrift. Jede Rd beginnt mit 3 Wendeluftmaschen und endet mit 1 halben Stäbchen in die letzte Wendeluftmasche. Das halbe Stäbchen liegt dann quer und man kann die Rd in der Mitte der Eck-Gruppe beginnen. Zwischen den Stäbchen-Gruppen jeweils 1 Luftmasche, an den Ecken jeweils 3 Luftmaschen häkeln. Die 3 Wendeluftmaschen zählen jeweils als 1 Stäbchen. Das Prinzip der 3. und 4. Rd fortsetzen bis insgesamt 15 Rd erreicht sind.

Decke

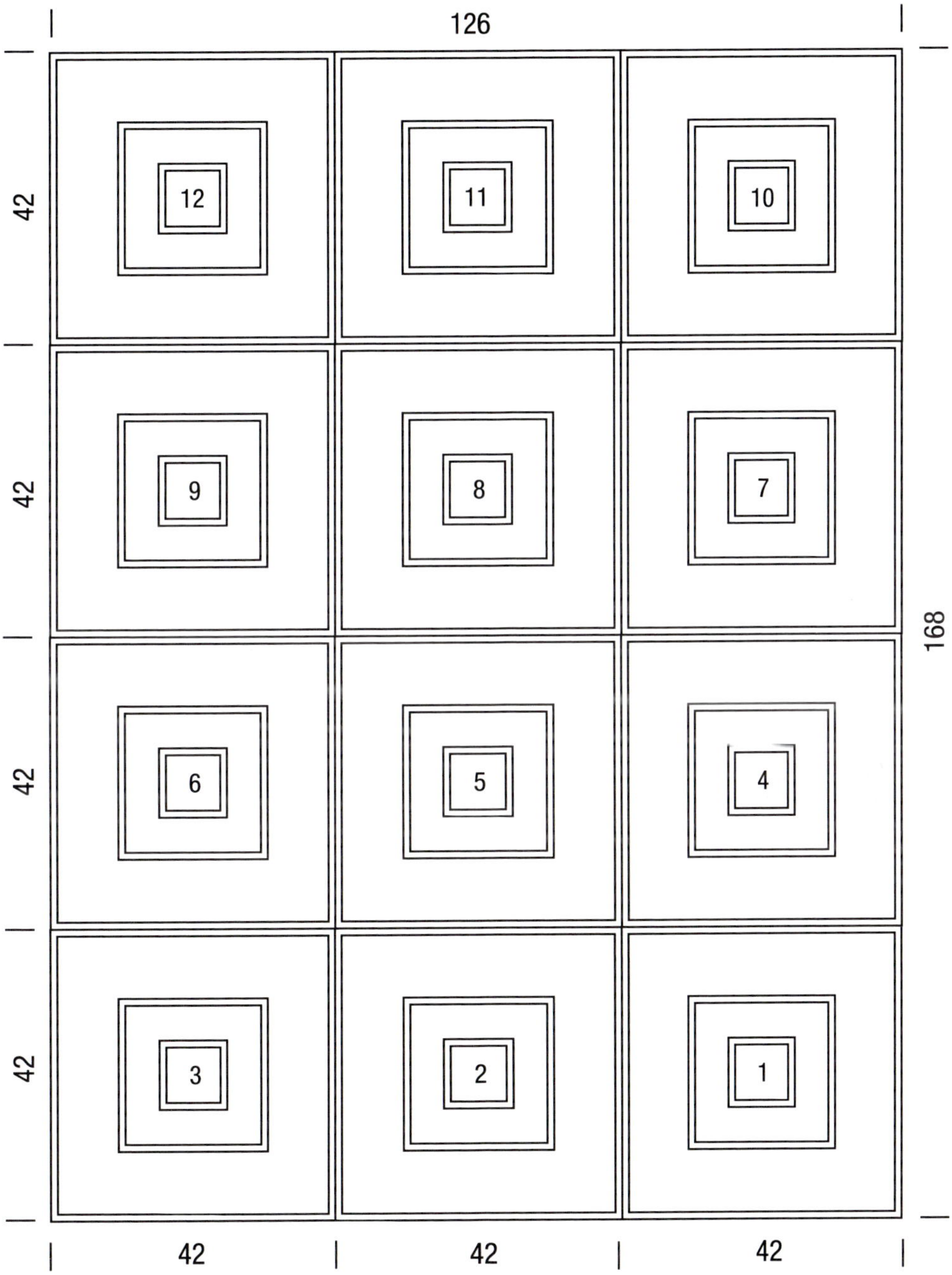

Häkelschrift

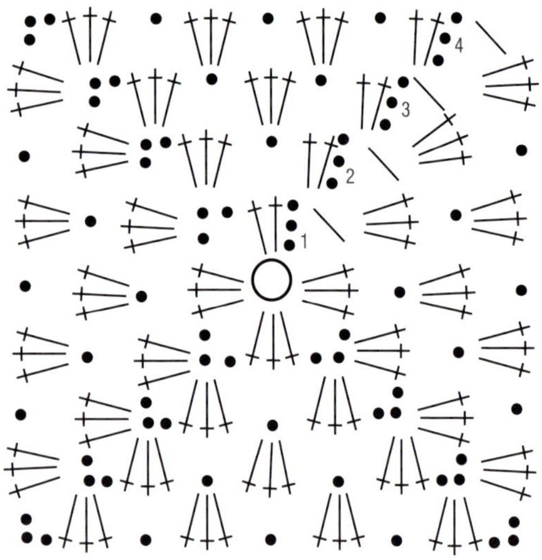

• = 1 Luftmasche

| = 1 halbes Stäbchen

† = 1 Stäbchen

Farbfolge
1 Granny Square sind 15 Rd.
Granny Square 1: 3 Rd Dunkelpetrol, 1 Rd Ecru, 4 Rd Graugrün, 1 Rd Ecru, 5 Rd Schilfgrün, 1 Rd Ecru.
Granny Square 2: 3 Rd Sonnengelb, 1 Rd Ecru, 4 Rd Himbeer, 1 Rd Ecru, 5 Rd Taupe, 1 Rd Ecru.
Granny Square 3: 3 Rd Himbeer, 1 Rd Ecru, 4 Rd Schilfgrün, 1 Rd Ecru, 5 Rd Sonnengelb, 1 Rd Ecru.
Granny Square 4: 3 Rd Marone, 1 Rd Ecru, 4 Rd Graugrün, 1 Rd Ecru, 5 Rd Himbeer, 1 Rd Ecru.
Granny Square 5: 3 Rd Graugrün, 1 Rd Ecru, 4 Rd Schilfgrün, 1 Rd Ecru, 5 Rd Marone, 1 Rd Ecru.
Granny Square 6: 3 Rd Taupe, 1 Rd Ecru, 4 Rd Dunkelpetrol, 1 Rd Ecru, 5 Rd Graugrün, 1 Rd Ecru.
Granny Square 7: 3 Rd Schilfgrün, 1 Rd Ecru, 4 Rd Taupe, 1 Rd Ecru, 5 Rd Sonnengelb, 1 Rd Ecru.
Granny Square 8: 3 Rd Sonnengelb, 1 Rd Ecru, 4 Rd Marone, 1 Rd Ecru, 5 Rd Schilfgrün, 1 Rd Ecru.
Granny Square 9: 3 Rd Marone, 1 Rd Ecru, 4 Rd Dunkelpetrol, 1 Rd Ecru, 5 Rd Taupe, 1 Rd Ecru.
Granny Square 10: 3 Rd Himbeer, 1 Rd Ecru, 4 Rd Marone, 1 Rd Ecru, 5 Rd Dunkelpetrol, 1 Rd Ecru.
Granny Square 11: 3 Rd Dunkelpetrol, 1 Rd Ecru, 4 Rd Himbeer, 1 Rd Ecru, 5 Rd Graugrün, 1 Rd Ecru.
Granny Square 12: 3 Rd Schilfgrün, 1 Rd Ecru, 4 Rd Sonnengelb, 1 Rd Ecru, 5 Rd Dunkelpetrol, 1 Rd Ecru.

SO WIRD'S GEMACHT

Die Decke besteht aus insgesamt 12 Quadraten oder Granny Squares. Nachdem alle 12 Quadrate gehäkelt sind, werden sie in Ecru aneinandergehäkelt und zum Schluss umrandet.
Für Granny Square 1 einen Fadenring in Dunkelpetrol legen. Wenn du noch nicht weißt, wie so ein Fadenring geht, sieh dir mal den Tipp auf Seite 87 an. Mit Häkelnadel 5 mm 3 Luftmaschen häkeln. Nach Häkelschrift und Farbfolge insgesamt 15 Rd arbeiten.

TIPP: Du ersparst dir das Vernähen des Anfangsfadens, wenn du ihn in der 1. Rd in die Stäbchen mit einhäkelst.
Granny Square 2–12 in der jeweiligen Farbfolge ebenso häkeln. Alle 12 Granny Squares jeweils 42 x 42 cm spannen, anfeuchten und trocknen lassen.
Nun nach Schnittzeichnung anordnen und in Ecru wie folgt aneinander häkeln: Das 1. Quadrat an das 4. Quadrat: Mit Häkelnadel 5 mm an der Ecke des „unteren" Quadrates den Faden anschlingen und 2 Luftmaschen häkeln, 3 Stäbchen in die Luftmasche der gegenüberliegenden Eckgruppe, dann * im Wechsel 3 Stäbchen zwischen 2 Stäbchen-Gruppen im „oberen" Quadrat, 3 Stäbchen zwischen 2 Stäbchen-Gruppen im „unteren" Quadrat; ab * stets wiederholen. Enden mit 3 Stäbchen in die Eckgruppe. Dann das 7. Quadrat an das 4. Quadrat und das 10. Quadrat an das 7. Quadrat anhäkeln. Noch 2x je 4 Quadrate in der Längsrichtung nach Schnittzeichnung miteinander verbinden.
Danach die 3 langen Strecken à 4 Quadrate ebenso verbinden. Größe nach dem Zusammenhäkeln: 126 cm x 168 cm.

Zum Schluss die ganze Decke mit 2 Rd in Ecru umhäkeln. Dafür an einer Ecke den Faden in Ecru anschlingen.
1. Rd: 2 Wendeluftmaschen, 2 Stäbchen, 3 Luftmaschen, 3 Stäbchen in den Luftmaschen-Bogen, * 1 Luftmasche, 3 Stäbchen zwischen 2 Stäbchen-Gruppen des Quadrats; ab * stets wiederholen. In den Luftmaschen-Bogen an den folgenden 3 Ecken jeweils 3 Stäbchen, 3 Luftmaschen, 3 Stäbchen arbeiten. Mit 1 Kettmasche in die 2. Wende-Luftmasche die Rd schließen.
2. Rd: 2 Wendeluftmaschen, 6 Stäbchen in den Luftmaschen-Bogen, * 1 Luftmasche, 3 Stäbchen zwischen 2 Stäbchen-Gruppen der 1. Rd; ab * stets wiederholen. In den Luftmaschen-Bogen an den folgenden 3 Ecken jeweils 7 Stäbchen häkeln. Mit 1 Kettmasche in die 2. Wendeluftmasche die Rd schließen. Arbeit beenden. Größe nach dem Umhäkeln: 130 cm x 172 cm.

Fertigstellung

Alle Fäden vernähen. Die Decke spannen, anfeuchten und trocknen lassen.

Impressum

Autorin: Sabine Ruf
Anleitungen und Entwürfe: Sabine Ruf
Realisation: Sabine Ruf
(Realisation S. 30–33, 58–63, 70–75, 120–125: Lana Grossa GmbH)
Fotos: Nicolas Olonetzky
Produktmanagement: Svenja Wiglinghaus
Lektorat: Anna Maier
Korrektorat: Christiane Gsänger
Umschlaggestaltung: Andreas Kersten
Satz: Elke Mader
Repro: LUDWIG:media
Herstellung: Kathleen Baumann
Printed in Slovakia by Neografia

★★★★★

Sind Sie mit diesem Titel zufrieden? Dann würden wir uns über Ihre Weiterempfehlung freuen. Erzählen Sie es im Freundeskreis, berichten Sie Ihrem Buchhändler oder bewerten Sie beim Onlinekauf. Und wenn Sie Kritik, Korrekturen oder Aktualisierungen haben, freuen wir uns über Ihre Nachricht an Christian Verlag, Postfach 40 02 09, D-80702 München oder per E-Mail an lektorat@verlagshaus.de.

Unser komplettes Programm finden Sie unter

www.christophorus-verlag.de

Die Deutsche Nationalbibliothek verzeichnet diese Publikation in der Deutschen Nationalbibliografie; detaillierte bibliografische Daten sind im Internet über https://www.dnb.de/ abrufbar.

Shutterstock: S. 10–122 (AVIcon, 1911953668)

Herstellerverzeichnis
Lana Grossa GmbH: Ingoldstädter Str. 86, 85080 Gaimersheim, www.lanagrossa.de
Prym Consumer Europe GmbH: Zweifaller Str. 130, 52224 Stollberg, www.prym-consumer.com
Gütermann: Landstraße 1, 79261 Gutach im Breisgau, www.guetermann.com

ISBN 978-3-8410-6682-4

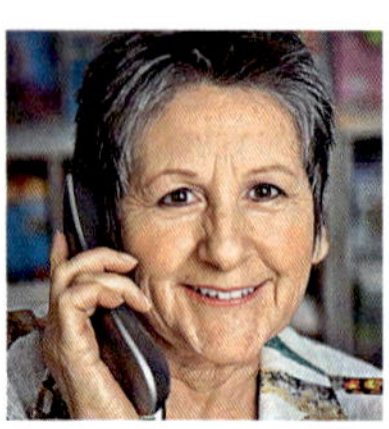

Kreativ-Service

Sie haben Fragen zu den Büchern und Materialien? Frau Erika Noll ist für Sie da und berät Sie rund um alle Kreativthemen. Rufen Sie an! Wir interessieren uns auch für Ihre eigenen Ideen und Anregungen. Sie erreichen Frau Noll per E-Mail: **kreativ-service@c-verlag.de** oder **Tel.: +49 (0) 89 - 1306 99-577.**

Besuchen Sie uns im Internet: www.christophorus-verlag.de und www.selbstgemacht.de